助推脱贫攻坚
保险业在行动

（修订版）

姚庆海　主编

人民出版社

目　录
CONTENTS

序　言 001

第一章　保险业助推脱贫攻坚的战略定位 001

　　一、脱贫攻坚与全面建成小康社会 001

　　二、打赢脱贫攻坚战的总体部署 011

　　三、保险在脱贫攻坚中的功能作用 020

　　四、脱贫攻坚引入保险机制的重大意义 024

第二章　保险业助推脱贫攻坚的主要途径 029

　　一、农业保险扶贫 029

　　二、大病保险扶贫 040

　　三、民生保险扶贫 047

　　四、增信融资扶贫 058

　　五、其他途径扶贫 066

第三章　保险业助推脱贫攻坚的工作进展 072

　　一、加强组织领导和顶层设计 072

　　二、多渠道开展保险扶贫工作 081

　　三、积极承担定点扶贫工作任务 123

第四章　保险业助推脱贫攻坚的多种模式 132

　　一、河北阜平"金融扶贫、保险先行"模式 132

　　二、河南兰考"脱贫路上零风险"模式 136

　　三、江西赣州"精准扶贫医疗保险"模式 140

　　四、四川凉山彝族自治州"惠农保"模式 144

　　五、云南昭通"特困人群保险医疗救助扶贫"模式 147

　　六、宁夏"脱贫保"模式 150

　　七、甘肃秦安"两保一孤"模式 153

第五章　保险业助推脱贫攻坚的整体部署 158

　　一、保险业助推脱贫攻坚的条件和挑战 158

　　二、下一步保险业助推脱贫攻坚的着力点 162

　　三、保险业助推脱贫攻坚的相关政策支持 168

附录一　中共中央国务院关于打赢脱贫攻坚战的决定 171

附录二　关于金融助推脱贫攻坚的实施意见 188

附录三　中国保监会国务院扶贫开发领导小组办公室关于做好保险业助推脱贫
　　　　攻坚工作的意见 196

附录四　中国保监会贵州省人民政府印发《关于在贵州建设"保险助推脱贫攻坚"
　　　　示范区的实施方案》的通知 204

后　记 210

序 言

　　打赢脱贫攻坚战是全面建成小康社会的重大任务，事关第一个百年奋斗目标的实现，事关人民群众福祉，事关党的执政基础，事关国家长治久安。习近平总书记在 2015 年 11 月召开的中央扶贫开发工作会议上强调指出，全面建成小康社会是我们对全国人民的庄严承诺，脱贫攻坚战的冲锋号已经吹响。我们要立下愚公移山志，咬定目标、苦干实干，坚决打赢脱贫攻坚战，确保到 2020 年所有贫困地区和贫困人口一道迈入全面小康社会。

　　打赢脱贫攻坚战，需要动员政府、市场、社会等各方面力量，构建专项扶贫、行业扶贫、社会扶贫互为补充的大扶贫格局。保险业以风险保障为"立业之本"，是一个具有"扶危济困、雪中送炭"特征的行业，直接面向最广大的贫困人口和社会弱势群体，与扶贫有着天然的内在联系。在当前脱贫攻坚的伟大事业中，保险机制能够发挥独特的功能作用：首先，保险业通过市场化经济补偿机制，可以对因灾因病致贫返贫群体进行精准补偿，有助于实现对贫困的精准祛除和赔款的"点对点"滴灌投放；其次，保险业通过大数法则和风险分散机制，可以放大财政资金使用效应，有助于在更大范围内实现扶贫开发资源的优化配置；最后，保险业通过发挥增信融资功能，可以帮助贫困地区、贫困群体更便捷地获得融资，有助于扶贫开发从"输血"式向"造血"式转变。因此，保险业参与脱贫攻坚，能够充分发挥保险机制的功能作用，是扶贫开发方式的重大创新。

　　近年来，保险业认真贯彻落实党中央、国务院关于扶贫开发、脱贫攻坚的系列重要指示精神，紧密结合行业特点和扶贫开发工作实际，在各级政府和相关部门的大力支持下，凝心聚力，主动作为，不断创新支持扶贫开发、助推脱贫攻坚的路径与措施，在助推脱贫攻坚方面取得积极成效，成为国家扶贫开发事业的重要推动力量和参与者，获得党中央、国务院和全社会的积极评价。一是大力发展农业保险，防止人民群众"因灾致贫、因灾返贫"。2016年，农业保险实现保费收入417.7亿元，参保农户约1.9亿户次，前三季度提供风险保障1.42万亿元，南方洪涝灾害农险支付赔款超过70亿元，成为农民灾后恢复生产和灾区重建的重要资金来源。二是积极承办大病保险，防止人民群众"因病致贫、因病返贫"。截至2016年年底，大病保险覆盖人群9.7亿人，累计超过800万人直接受益。三是着力开展民生保险，兜住贫困群体生产生活风险底线。开发出各类保障适度、保费低廉的小额人身保险，为贫困人群基本生活资料和主要劳动力提供风险保障。四是创新支农融资方式，积极助推产业脱贫。通过保单质押、小额贷款保证保险和保险资金直接投资，有效缓解贫困群众贷款难、贷款贵问题。

习近平总书记强调，实现农村贫困人口全部脱贫，需要各级扶贫主体组织推动，需要社会各方面真心帮扶，需要不断改革创新扶贫机制和扶贫方式。开展保险扶贫是当前保险业承担的一项重大政治任务。《中共中央国务院关于打赢脱贫攻坚战的决定》和国务院《"十三五"脱贫攻坚规划》，都对保险业助推脱贫攻坚提出了明确要求。下一步，保险业要在党中央、国务院的坚强领导下，时时刻刻把助推脱贫攻坚的责任扛在肩上，把贫困地区人民群众的利益放在心里，充分发挥保险的独特功能作用和市场机制的优势，进一步凝聚行业决心和力量，用心用情用力推进扶贫工作，因地制宜，精准发力，进一步加强保险扶贫工作，切实采取有效措施，确保党中央、国务院的各项要求得到不折不扣落实，为打赢脱贫攻坚战作出新的更大贡献。

第一章

保险业助推脱贫攻坚的战略定位

"十三五"时期是全面建成小康社会的决胜阶段。按照全面建成小康社会新的目标要求，到"十三五"期末，我国现行标准下农村贫困人口实现脱贫，贫困县全部摘帽，解决区域性整体贫困。为此，党中央、国务院明确提出，围绕"四个全面"战略布局，牢固树立并切实贯彻创新、协调、绿色、开放、共享的发展理念，充分发挥政治优势和制度优势，把精准扶贫、精准脱贫作为基本方略，坚持扶贫开发与经济社会发展相互促进，坚持精准帮扶与集中连片特殊困难地区开发紧密结合，坚持扶贫开发与生态保护并重，坚持扶贫开发与社会保障有效衔接，咬定青山不放松，采取超常规举措，拿出过硬办法，举全党全社会之力，坚决打赢脱贫攻坚战。

一、脱贫攻坚与全面建成小康社会

改革开放以来，我国坚持通过发展带动脱贫，大规模实施扶贫开发，贫困地区面貌发生巨大变化，数亿人口摆脱贫困，取得了举世瞩目的成就，为全球减贫事业作出了巨大贡献。当前，我国正处于全面建成小康社会的决胜阶段，贫困人口问题依然是最突出的短板，必须下大力气予以解决。为此，习近平总书记在 2015 年 11 月召开的中央扶贫开发工作会议上再次强调："脱贫攻坚已经到了啃硬骨头、攻坚拔寨的冲刺阶段，必须以更大的决心、更明确的思路、更精准的举措、超常规的力度，众志成城实现脱贫攻坚目标，决不能落下一个贫困地区、一个贫困群众"，"要立下愚公移山志，咬定目标、苦干实干，坚决打赢脱贫攻坚战，确保到 2020 年所有贫困地区和贫困人口一道迈入全面小康社会"。

（一）我国扶贫开发的历史进程及现状

消除贫困、改善民生、逐步实现共同富裕，是社会主义的本质要求，是中国共产党的历史使命。自新中国成立，特别是改革开放以来，党和政府带领全国人民持续向贫困宣战，开展了有计划、有组织、大规模的扶贫开发，使得贫困人口大幅减少，贫困群众生活水平显著提高，贫困地区面貌发生根本变化，成功走出一条具有中国特色的扶贫开发道路。

1. 扶贫开发工作的历史进程

新中国的建立，使中国农村长期存在的大规模极端贫困现象得到明显缓解。但在此后近 30 年中，仍有相当数量的农民处在温饱不足的贫困之中。1978 年，按我国政府 1986 年制定的贫困标准倒推，全国农村有贫困人口 2.5 亿，占当时农村总人口的 30.7%。从 1978 年年底开始，伴随着改革开放基本国策的实施，我国大力改革农村生产经营体制，放开农产品价格，发展乡镇企业，从而极大调动了广大农民的生产积极性，解放了生产力，提高了农村土地的产出率，农产品产量大幅增加，农民收入迅速提高，大大缓解了农村贫困问题。到 1985 年年底，根据当时的贫困标准，全国农村贫困人口减少到了 1.25 亿人，平均每年减少 1768 万人，贫困发生率下降到 14.8%。

从 20 世纪 80 年代中期开始，我国开始在全国范围内有计划、有组织、大规模地开展扶贫开发工作。1986 年，成立了专门机构——国务院贫困地区经济开发领导小组及办公室，安排专项扶贫资金，制定专门的优惠政策，并对传统的救济式扶贫进行改革，确立了开发式扶贫的方针。到 1993 年年底，全国农村贫困人口减少到 8000 万人，贫困发生率下降到 8.7%。

1994 年 4 月 15 日，国务院印发《国家八七脱贫攻坚计划（1994—2000年)》，要求集中人力物力财力，用 7 年左右的时间，基本解决 8000 万农村贫困人口的温饱问题。由此，扶贫开发进入攻坚阶段。为了实现这一目标，这一时期扶贫开发工作的重点，实现了由主要扶持贫困地区（尤其是贫困县）向主要扶持贫困村、贫困户的转变。同时，较大幅度增加了扶贫资金。1996年9月，中央召开扶贫开发工作会议，作出尽快解决农村贫困人口温饱问题的决定。1999年6月，中央再次召开扶贫开发工作会议，作出进一步加强扶贫开发工作的决定。这两个会议都提出，动员全党和全社会，切实做好脱贫攻坚决战阶段的工作，确保实现在20世纪末基本解决农村贫困人口温饱问题的战略目标。到2000年年底，按当时的贫困标准（1986年标准），我国农村贫困人口降至3209万人，贫困发生率下降到3.5%。《国家八七脱贫攻坚计划》确定的目标基本实现（根据国际经验，当一国、一地区的贫困发生率降至3%时，即可认为已完成减贫任务）。

2001年，我国颁布实施《中国农村扶贫开发纲要（2001—2010年）》，对新世纪头10年的扶贫开发工作作出全面部署，这是继《国家八七脱贫攻坚计划》后，又一个具有全国指导性的扶贫开发纲领性文件。根据该纲要，对扶贫工作重点与瞄准对象作出重大调整：扶贫工作重点县放到中西部地区；贫困村成为基本瞄准对象，以村为单位进行综合开发和整村推进。这一阶段，把稳定解决扶贫对象温饱问题、尽快实现脱贫致富作为首要任务。到2010年年底，以当时的贫困标准计算，农村贫困人口为2688万人，贫困发生率为2.8%。

2011年，国家颁布实施《中国农村扶贫开发纲要（2011—2020年）》，提出到2020年全面建成小康社会的奋斗目标：稳定实现扶贫对象不愁吃、不愁穿，保障其义务教育、基本医疗和住房，贫困地区农民人均纯收入增长幅度高于全国平均水平，基本公共服务主要领域指标接近全国平均水平，扭转发展差距扩大趋势。此时，新型农村合作医疗制度、农村最低生活保障制度已普遍建立，因此，扶贫开发工作重点开始从以解决温饱为主转入到巩固温饱成果、加快脱贫致富、改善生态环境、提高发展能力、缩小发展差距的新阶段。国家大幅度提高了贫困标准，明确以在贫困标准以下具备劳动能力的农村人口为扶贫工作主要对象，以连片特困地区为主战场，围绕实现"两不愁"（吃、穿）、"三保障"（看病、子女上学、住房）为中心推进扶贫开发。

　　党的十八大以来，党中央、国务院将扶贫开发作为治国理政的重要内容，把扶贫开发作为实现第一个百年奋斗目标的重点工作，大力实施精准扶贫、精准脱贫战略，不断开创中国特色扶贫开发事业新局面。2014 年 1 月，中共中央办公厅、国务院办公厅印发《关于创新机制扎实推进农村扶贫开发的意见》，要求将扶贫开发工作摆到更加重要、更为突出的位置，以改革创新为动力，着力消除体制机制障碍，增强内生动力和发展活力，加大扶持力度，集中力量解决突出问题，加快贫困群众脱贫致富、贫困地区全面建成小康社会步伐。2015 年，根据现行每人每年 2300 元（2010 年不变价）的贫困标准，农村贫困人口降至 5575 万人，贫困发生率为 5.7%。2015 年 10 月 29 日，党的十八届五中全会通过《中共中央关于制定国民经济和社会发展第十三个五年规划的建议》，明确提出，实施脱贫攻坚工程，用 5 年时间，现行标准下农村贫困人口实现脱贫，贫困县全部摘帽，解决区域性整体贫困。2015 年 11 月 29 日，《中共中央国务院关于打赢脱贫攻坚战的决定》印发，进一步对打赢脱贫攻坚战作出全面部署和整体安排。

链接　贫困标准

　　贫困是一种生活窘困的状态，指生活水平达不到社会可以接受的最低标准。为了跟踪监测全球的贫困状况，自 1991 年开始，世界银行根据全球最贫穷国家的贫困线，制定了以美元表示的国际贫困线，并根据"购买力平价转换系数"进行更新。1991 年，确定了每人每天 1.01 美元（简称"1 美元"）的国际贫困线，在《世界发展报告 1990》中正式使用。2001 年，用 1993 年购买力平价确定了每人每天 1.08 美元的国际贫困线。2009 年，用 2005 年购买力平价确定了每人每天 1.25 美元的国际贫困线。2015 年，用 2011 年购买力平价确定了每人每天 1.89 美元的国际贫困线。

关于贫困的测度和评判，我国有自己的标准。1986 年，我国制定的农村贫困人口标准为每人每年 206 元人民币。此后，先后进行了 3 次调整，分别为 2001 年的 865 元、2008 年的 1196 元、2011 年的 2300 元。在每次明确以不变价为基数的贫困标准后，再根据物价指数的变动逐年调整按现价计算的年度贫困标准。现行按 2010 年不变价 2300 元为基数的贫困标准是在 2011 年确定的。2011—2014 年，按现价计算的贫困标准分别为 2536 元、2625 元、2736 元、2800 元。

我国现行贫困标准高于世界银行的标准。世界银行提出的国际贫困标准在折算时使用购买力平价而不是汇率。世界银行采用购买力平价计算的人民币兑美元的换算系数，近年来大体保持在 3.5—3.6：1 之间。依据此换算系数，我国 2014 年按现价计算的贫困标准为 2800 元 / 人·年，折合成美元后为 777.78—800 美元 / 人·年，即每人每天为 2.13—2.19 美元，而世界银行的现行贫困标准为每人每天 1.89 美元。因此，我国现行农村贫困线实际高出世界银行的标准。

2. 扶贫开发工作取得的成效

改革开放以来，在党中央、国务院的坚强领导下，随着《国家八七脱贫攻坚计划（1994—2000 年）》《中国农村扶贫开发纲要（2001—2010 年）》《中国农村扶贫开发纲要（2011—2020 年）》等扶贫开发行动纲领的相继实施，我国扶贫开发工作取得巨大成就，贫困问题明显缓解。

第一，贫困人口大幅减少，收入稳步提升。按照世界银行在 2009 年确定的贫困标准（每人每天 1.25 美元）测算，1981 年我国有贫困人口 8.39 亿人，到 2011 年减少到 8417 万人，共减少 7.54 亿人，占全球同期减贫人口总数的 70% 以上，被誉为"迄今人类历史上最快速度的大规模减贫"。"十二五"期间，按照我国现行标准，全国农村贫困人口从 2010 年的 1.66 亿人减少到

2015 年年底的 5575 万人，贫困县农民人均纯收入从 2010 年的 3273 元增加到 2015 年的 6600 元以上，《中国农村扶贫开发纲要（2011—2020 年）》提出的中期目标和"十二五"时期的扶贫开发工作圆满收官。

第二，基础设施明显改善。贫困地区大都地理位置较为偏僻，自然条件相对较差，基础设施极为薄弱。随着扶贫开发工作的持续推进，贫困地区的基础设施有了极大改善。尤其是近年来，贫困地区基础设施建设全面提速，饮水安全、道路交通、电力保障等基础设施建设目标全面实现，7852 万农村人口的饮水安全问题和 354 万无电人口的用电问题得到解决，14 个集中连片特困地区新建农村公路总里程达到 124 万公里，综合立体交通运输网络正在形成，越来越多的地区告别了不通高速公路、铁路、航空的历史。

第三，基本公共服务保障水平持续提高。持续不断的扶贫开发极大改善了贫困地区的基本公共服务，尤其是近年来随着扶贫开发工作重点的转移，提高贫困地区的基本公共服务水平成为重点。义务教育办学条件明显改观，营养改善计划每年惠及 3200 多万学生，中职学生全部免除学费，重点高校面向贫困地区定向招生专项计划逐年扩大。基本医保、大病保险、医疗救助和应急救助相衔接的机制初步建立，农村低保和基本养老保险覆盖全部贫困地区。贫困人口免费就业服务全面实施，科技、教育、文化、卫生等社会事业发展较快，群众的文化生活得到普遍改善。

第四，扶贫开发机制创新迈出重大步伐。近年来，扶贫开发机制不断创新，大大提高了扶贫开发工作的效率。国务院扶贫办按照精准扶贫方略的要求，以国家统计局发布的贫困人口规模为控制数，从 2013 年起开始实施对全国农村贫困人口的建档立卡工作，为开展精准扶贫奠定了基础。此外，干部驻村帮扶覆盖所有贫困村，以减贫成效为导向的财政资金分配、贫困县政绩考核等机制基本建立，国家将每年的 10 月 17 日设立为扶贫日，社会扶贫激励政策日趋完善，各方面参与的大扶贫格局初步形成。这些探索实践，丰富和拓展了中国特色扶贫开发道路的内涵，进一步增强了扶贫工作的针对性和有效性。

3. 扶贫开发工作面临的挑战

改革开放以来，我国扶贫开发取得伟大成就，促进了贫困地区的经济社会发展，缓解了农村贫困状况，优化了国民经济结构，巩固了党的执政基础和中国特色社会主义制度。但是现阶段，受居住环境恶劣、自然灾害频发、产品市场波动、外部环境复杂等多种因素影响，面对新时期扶贫开发的新任务、新特点，我国扶贫开发工作面临的形势依然严峻，任务十分繁重。

一方面，时间十分紧迫。贫困人口脱贫、贫困县全部摘帽是全面建成小康社会的底线目标。从现在开始，到 2020 年只剩下几年时间，平均每年需脱贫 1000 多万人，平均每月需脱贫约 100 万人。可以说，当前脱贫攻坚已经到了啃硬骨头、攻坚拔寨的冲刺阶段，采用常规的思路和办法、按部就班很难完成任务，必须以更大的决心、更明确的思路、更精准的举措、超常规的力度，因势利导，众志成城，确保"十三五"时期打赢脱贫攻坚战，如期兑现党和政府向全国人民作出的庄严承诺。

另一方面，任务十分艰巨。打赢脱贫攻坚战是全面建成小康社会最艰巨的任务。从规模上看，目前全国尚有 5575 万人口没有脱贫，相当于一个中等国家的人口总规模。从区域分布上看，剩下的贫困人口主要集中在自然资源贫乏、地理位置偏远的中西部地区，尤其是贵州、云南、河南、广西、湖南、四川 6 省区，其中以 14 个集中连片特殊困难地区贫困人口最为集中。这些地区基础设施薄弱，公共服务水平低，严重制约着脱贫攻坚工作的开展。特别是，其中还有不少人居住在不具备生产生活条件的石漠化等生态脆弱地区，几乎"无业可扶"，必须花巨大代价进行易地扶贫搬迁。从扶贫对象上看，经过多年扶贫开发，条件相对较好的基本都已脱贫，剩下的都是很难脱贫的人口，是难啃的硬骨头。其中有不少贫困人口或者丧失劳动能力，或者患重病、慢性病，或者文化程度低，几乎"无力脱贫"，即使花很大代价帮助脱贫，也是暂时脱贫，极易因病、因学、因婚、因房等问题再度返贫。从国内外经济环境上看，当前全球经济贸易增长乏力，国内经济下行压力加大，也在一定程度上对推进脱贫攻坚工作形成制约。

表1　我国农村贫困人口及贫困发生率 [①]

年份	1978 年标准		2008 年标准		2010 年标准	
	贫困人口（万人）	贫困发生率（%）	贫困人口（万人）	贫困发生率（%）	贫困人口（万人）	贫困发生率（%）
1978	25000	30.7				
1980	22000	26.8				
1981	15200	18.5				
1982	14500	17.5				
1983	13500	16.2				
1984	12800	15.1				
1985	12500	14.8				
1986	13100	15.5				
1987	12200	14.3				
1988	9600	11.1				
1989	10200	11.6				
1990	8500	9.4				
1991	9400	10.4				
1992	8000	8.8				
1994	7000	7.7				
1995	6540	7.1				
1997	4962	5.4				
1998	4210	4.6				
1999	3412	3.7				

① 陈锡文：《坚决打赢脱贫攻坚战　如期实现全面小康目标》，中国人大网 2016 年 1 月 6 日。

年份	1978 年标准		2008 年标准		2010 年标准	
	贫困人口（万人）	贫困发生率（%）	贫困人口（万人）	贫困发生率（%）	贫困人口（万人）	贫困发生率（%）
2000	3209	3.5	9422	10.2		
2001	2927	3.2	9029	9.8		
2002	2820	3.0	8645	9.2		
2003	2900	3.1	8517	9.1		
2004	2610	2.8	7587	8.1		
2005	2365	2.5	6432	6.8		
2006	2148	2.3	5698	6.0		
2007	1479	1.6	4320	4.6		
2008			4007	4.2		
2009			3597	3.8		
2010			2688	2.8	16567	17.2
2011					12238	12.7
2012					9899	10.2
2013					8249	8.5
2014					7017	7.2
2015					5575	5.7

注：（1）1978 年标准：1978—1999 年农村贫困标准，2000—2007 年农村绝对贫困标准；（2）2008 年标准：2000—2007 年农村低收入标准，2008—2010 年农村贫困标准；（3）2010 年标准：新确定的农村贫困标准。

（二）组织开展脱贫攻坚战的主要目的

消除贫困、改善民生、逐步实现共同富裕，是中国特色社会主义的本质要求和目的所在。打赢脱贫攻坚战，到 2020 年让所有贫困人口摆脱贫困，是党和国家在促进共同富裕道路上的标志性成就，广大人民群众对党的拥护会更加坚定，党的执政基础会更加牢固，中国特色社会主义会更加深入人心。

党中央早前提出的到 20 世纪末人民生活达到小康水平的目标已经如期实现。党的十六大提出全面建设小康社会，党的十八大提出到 2020 年全面建成小康社会，这是我们党作出的新的庄严承诺，是"十三五"时期必须完成的战略任务。《中共中央关于制定国民经济和社会发展第十三个五年规划的建议》明确提出，到 2020 年全面建成小康社会，是我们党确定的"两个一百年"奋斗目标中的第一个百年奋斗目标。在全面建设小康社会的历史征程中，我们已经取得重大进展，我国的社会生产力、经济实力、人民生活水平不断迈上新台阶，但实现这一目标仍面临不少问题和挑战：目前，我国经济下行压力较大，发展不平衡、不协调、不可持续问题仍然突出，体制性、机制性问题依然存在，实现到 2020 年国内生产总值和城乡居民收入翻一番并不容易。"十三五"时期是全面建成小康社会的最后一个 5 年，是全面建成小康社会的决胜阶段。实现全面建成小康社会目标，在"十三五"时期已经没有退路，时间紧、任务重，必须全力冲刺，确保这一战略目标的成功实现。

实现全面建成小康社会目标，还有很多短板问题没有解决，突出表现在经济增长的质量和效益、生态环境、脱贫攻坚、社会安全等诸多方面。"木桶理论"告诉我们，一只木桶的盛水量不是取决于最长的木板，而是取决于最短的木板。经济社会发展如同做木桶，开始的时候，关键在做大木桶，现在木桶做大了，关键在补齐短板。补齐短板是贯彻落实党中央和习近平总书记治国理政新理念的内在要求。习近平总书记多次强调，要"在补齐短板上多用力"，"必须全力做好补齐短板这篇大文章"。"十三五"期间，认识短板、找出短板、补齐短板，具有重要的理论和实践意义。短板问题往往是最深层、最困难的问题，是一篇事关全面建成小康社会的大文章，是经济发展新常态下必须重新认识和有效解决的重大课题。不解决这些短板问题，全面建成小康社会就会成为一句空话。只有补上这些短板，加强这些薄弱环节，才能提高中国发展的"木桶容量",才能让人民群众有更多的认同感和获得感。

　　农村贫困问题是全面建成小康社会面对的突出短板。全面小康是惠及全体人民的小康。小康不小康,关键看老乡,看贫困的老乡能不能脱贫。党中央、国务院适时组织开展脱贫攻坚战,主要目的就是尽快补齐农村贫困问题这一全面建成小康社会的突出短板。5500多万贫困人口脱贫是当前最大的民生问题,脱贫攻坚战是最大的民心工程。到2020年,如果还有几千万人生活在贫困标准线以下,还有区域性整体贫困现象存在,就很难说全面建成小康社会。打赢脱贫攻坚战,事关人民福祉和国家长治久安。关心关爱贫困群众,让全体人民安康富裕、生活幸福,是现阶段党和政府义不容辞的责任。习近平总书记在关于"十三五"规划建议的说明中强调指出:"十三五"规划作为全面建成小康社会的收官规划,必须紧紧扭住全面建成小康社会存在的短板,在补齐短板上多用力。我们不能一边宣布全面建成了小康社会,另一边还有几千万人口的生活水平处在贫困标准线以下。这既影响人民群众对全面建成小康社会的满意度,也影响国际社会对我国全面建成小康社会的认可度。在2016年新年贺词中,习近平总书记再次强调:"全面建成小康社会,13亿人要携手前进。让几千万农村贫困人口生活好起来,是我心中的牵挂。我们吹响了打赢脱贫攻坚战的号角,全党全国要勠力同心,着力补齐这块短板,确保农村所有贫困人口如期摆脱贫困。"习近平总书记的这些讲话表明了一个基本观点,即打赢脱贫攻坚战、尽快补齐农村贫困问题这一突出短板,是现阶段中国政府必须履行的庄严承诺和神圣职责。

二、打赢脱贫攻坚战的总体部署

　　长期以来,党中央、国务院一直高度重视扶贫工作。习近平总书记多次强调,全面建成小康社会,最艰巨、最繁重的任务在农村,特别是在贫困地区。没有农村的小康,特别是没有贫困地区的小康,就没有全面建成小康社会。尤其是党的十八大以来，党中央、国务院把扶贫开发工作纳入"四个全面"战略布局，作为实现第一个百年奋斗目标的重点工作，摆在更加突出的位置，大力实施精准扶贫，不断丰富和拓展中国特色扶贫开发道路，不断开创扶贫开发事业新局面。

2015年10月29日，党的十八届五中全会通过《中共中央关于制定国民经济和社会发展第十三个五年规划的建议》，明确提出，农村贫困人口脱贫是全面建成小康社会最艰巨的任务，必须充分发挥政治优势和制度优势，坚决打赢脱贫攻坚战。一个月后，《中共中央国务院关于打赢脱贫攻坚战的决定》印发，对实现党的十八届五中全会确定的脱贫攻坚目标作出全面部署。11月27日至28日，中央扶贫开发工作会议在北京召开，习近平总书记发表重要讲话。习近平总书记站在党执政基础的政治高度、民族发展的历史高度，深刻分析全面建成小康社会进入决胜阶段脱贫攻坚面临的形势和任务，对"十三五"时期的脱贫攻坚工作提出了总要求，发出了动员令。李克强总理从贫困地区不断增长的有效投资需求、资源要素供给、消费需求带来新的增长动能和发展空间等方面，深刻阐述了打赢脱贫攻坚战对基本跨越"中等收入陷阱"的重要意义，并对"十三五"时期的脱贫攻坚工作进行了全面安排。

党的十八届五中全会和中央扶贫开发工作会议对"十三五"时期脱贫攻坚的总体部署，核心内容可以概括为"一个目标"、"两个确保"、"六个精准"、"五个一批"、解决好"四个问题"。其中，"一个目标"就是补齐全面建成小康社会的突出短板；"两个确保"就是确保现行标准下农村贫困人口全部脱贫，确保贫困县全部摘帽；"六个精准"就是扶持对象精准、项目安排精准、资金使用精准、措施到户精准、因村派人精准、脱贫成效精准；"五个一批"就是扶持生产和就业发展一批、移民搬迁安置一批、教育培训脱贫一批、生态保护脱贫一批、社会保障兜底一批；解决好"四个问题"就是解决扶持谁、谁来扶、怎么扶、如何退的问题。

（一）"两个确保"

2011 年开始实施的《中国农村扶贫开发纲要（2011—2020 年）》提出的目标是："到 2020 年，稳定实现扶贫对象不愁吃、不愁穿，保障其义务教育、基本医疗和住房。贫困地区农民人均纯收入增长幅度高于全国平均水平，基本公共服务主要领域指标接近全国平均水平，扭转发展差距扩大趋势。"党的十八届五中全会根据全面建成小康社会的战略需要，在上述纲要所确定目标的基础上，提出了"十三五"时期更明确、更量化的目标，即确保"我国现行标准下农村贫困人口实现脱贫，贫困县全部摘帽，解决区域性整体贫困问题"。

1. 确保"现行标准下农村贫困人口实现脱贫"

从我国综合国力和近年来的扶贫实践看，确保现行标准下农村贫困人口实现脱贫这一目标，经过努力是完全可以达到的。2011 年以来，全国共有 6000 多万人实现脱贫，平均每年脱贫 1000 万人以上。虽然脱贫速度随着扶贫难度的增加而逐年下降，但是通过采取超常的、过硬的、有效的举措，"十三五"时期每年实现 1000 万人脱贫，仍然是有可能的。这样，到 2020 年时，仅剩下约 2000 万贫困人口。这 2000 万人主要是完全或部分丧失劳动能力的人，属于贫困发生率为 3% 以下的那部分贫困人口。而对这部分贫困人口，《中共中央国务院关于打赢脱贫攻坚战的决定》已经明确，以农村最低生活保障制度对他们实行全部兜底，使其人均实际生活水平高于贫困线。

2. 确保"贫困县全部摘帽"

经过几轮调整，目前国家扶贫开发工作重点县共 592 个。2011 年，新的十年扶贫纲要确定了六盘山区等 11 个连片特困地区、西藏及四省藏区、新疆南疆三地州区县作为脱贫攻坚主战场，共 14 个片区、680 个县，其中同属重点县和片区县的有 440 个，重点县和片区县共有 832 个。通过多年扶持，一些贫困县发展较快，已具备退出贫困县行列的条件。今后几年，通过进一步加大扶持力度，完全可以使贫困县全部摘帽。贫困县退出后，到 2020 年扶持政策保持不变。

贫困人口、贫困村、贫困县的退出标准

　　截至 2015 年年底，我国仍有 5500 多万贫困人口、12.8 万个贫困村、832 个国家扶贫开发工作重点县和集中连片特困地区县。这么多的贫困人口、贫困村、贫困县实现有序退出的标准是什么？中共中央办公厅、国务院办公厅于 2016 年 4 月印发《关于建立贫困退出机制的意见》，给出明确答案。

　　该意见提出，要按照党中央、国务院决策部署，深入实施精准扶贫、精准脱贫，以脱贫实效为依据，以群众认可为标准，建立严格、规范、透明的贫困退出机制，促进贫困人口、贫困村、贫困县在 2020 年以前有序退出，确保如期实现脱贫攻坚目标。其中，贫困人口、贫困村、贫困县的退出标准分别如下。

　　——贫困人口退出。贫困人口退出以户为单位，主要衡量标准是该户年人均纯收入稳定超过国家贫困标准且吃穿不愁，义务教育、基本医疗、住房安全有保障。

　　——贫困村退出。贫困村退出以贫困发生率为主要衡量标准，统筹考虑村内基础设施、基本公共服务、产业发展、集体经济收入等综合因素。原则上贫困村贫困发生率降至 2% 以下（西部地区降至 3% 以下）。

　　——贫困县退出。贫困县包括国家扶贫开发工作重点县和集中连片特困地区县。贫困县退出以贫困发生率为主要衡量标准，原则上贫困县贫困发生率降至 2% 以下（西部地区降至 3% 以下）。

（二）"精准扶贫"

　　长期以来，我国扶贫工作不论在贫困人群识别，还是在扶贫政策制定实施上，都缺乏精细化的工作理念，扶贫开发工作普遍存在底数不够清、指向不够准、针对性不够强等突出问题，"大水漫灌"、"撒胡椒面"特征明显，集中力量解决深层次贫困问题的合力不够。如果这些问题不加以解决，就不能做到"扶真贫"、"真扶贫"，就会影响扶贫的最终效果，影响 2020 年全面小康目标的实现。

2013 年 11 月，习近平总书记在湖南湘西考察时首次提出"精准扶贫"概念，强调扶贫要实事求是、因地制宜，要精准扶贫，切忌喊口号，不要定好高骛远的目标。此后，习近平总书记在基层调研时多次强调这一理念。如 2015 年 6 月，他在贵州调研时提出，扶贫工作要做到"切实落实领导责任、切实做到精准扶贫、切实强化社会合力、切实加强基层组织"，并将精准扶贫思想概括为 6 个方面，即扶贫对象精准、项目安排精准、资金使用精准、措施到户精准、因村派人精准、脱贫成效精准。

习近平总书记 2013 年在湘西考察时提出"精准扶贫"概念

　　2013 年 11 月，习近平总书记到湘西土家族苗族自治州花垣县排碧乡十八洞村考察。习近平总书记实地走访了多个低保户、特困户家庭，和村干部、村民代表等座谈，仔细了解村民的生产生活情况，从水、路、电到教育、医疗，都一一询问。就是在那次考察中，习近平总书记首次提出"精准扶贫"概念。他说，抓扶贫开发，既要整体联动、有共性要求和措施，又要突出重点、加强对特困村和特困户的帮扶。习近平总书记走访后两年多时间，十八洞村走出了一条有特色的精准脱贫路。《十八洞村精准识别贫困户工作办法》识别出贫困对象 136 户 542 人，占全村总人口的 55%。此后，十八洞村的精准扶贫经验很快在花垣县乃至湘西州、湖南省推广开来。花垣全县"复制推广"十八洞村的经验，2013 年以来实现减贫 2.8 万人，贫困发生率下降到 17.8%，2015 年农民人均可支配收入增加到 6276 元，比 2013 年增加 1373 元。

　　习近平总书记提出的精准扶贫思想，是在总结我国数十年扶贫工作的经验教训基础上，根据目前全国贫困群体状况所提出的针对性措施。精准扶贫工作包括了精准识别、精准帮扶、精准管理和精准考核等环节，其核心要义就是将精准化理念作为扶贫工作的基本理念，贯穿于扶贫开发工作的全过程。

根据习近平总书记提出的精准扶贫理念，2013 年 12 月 18 日，中共中央办公厅、国务院办公厅印发《关于创新机制扎实推进农村扶贫开发工作的意见》，提出"建立精准扶贫工作机制"。2014 年 5 月 12 日，国务院扶贫办等 7 部门出台《关于印发〈建立精准扶贫工作机制实施方案〉的通知》，对精准扶贫工作模式的顶层设计、总体布局和工作机制等作出详尽规制。2015 年 10 月 29 日，《中共中央关于制定国民经济和社会发展第十三个五年规划的建议》进一步明确了精准扶贫的实施路径："实施精准扶贫、精准脱贫，因人因地施策，提高扶贫实效。分类扶持贫困家庭，对有劳动能力的支持发展特色产业和转移就业，对'一方水土养不起一方人'的实施扶贫搬迁，对生态特别重要和脆弱的实行生态保护扶贫，对丧失劳动能力的实施兜底性保障政策，对因病致贫的提供医疗救助保障。实行低保政策和扶贫政策衔接，对贫困人口应保尽保。"2015 年 11 月 29 日，《中共中央国务院关于打赢脱贫攻坚战的决定》再次强调，坚持精准扶贫，提高扶贫成效，必须解决好扶持谁、谁来扶、怎么扶的问题，做到扶真贫、真扶贫、真脱贫，切实提高扶贫成果可持续性，让贫困人口有更多的获得感。

建立精准扶贫工作机制的目标任务

根据《中共中央办公厅国务院办公厅印发〈关于创新机制扎实推进农村扶贫开发工作的意见〉的通知》有关建立精准扶贫工作机制的要求，2014 年 5 月 12 日，国务院扶贫办、中央农办、民政部、人力资源和社会保障部、国家统计局、共青团中央、中国残联联合印发《建立精准扶贫工作机制实施方案》，提出了以下目标任务。

通过对贫困户和贫困村精准识别、精准帮扶、精准管理和精准考核，引导各类扶贫资源优化配置，实现扶贫到村到户，逐步构建精准扶贫工作长效机制，为科学扶贫奠定坚实基础。

精准识别是指通过申请评议、公示公告、抽检核查、信息录入等步骤，将贫困户和贫困村有效识别出来，并建档立卡。

精准帮扶是指对识别出来的贫困户和贫困村，深入分析致贫原因，落实帮扶责任人，逐村逐户制定帮扶计划，集中力量予以扶持。

精准管理是指对扶贫对象进行全方位、全过程监测，建立全国扶贫信息网络系统，实时反映帮扶情况，实现扶贫对象的有进有出、动态管理，为扶贫开发工作提供决策支持。

精准考核是指对贫困户和贫困村识别、帮扶、管理的成效，以及对贫困县开展扶贫工作情况的量化考核，奖优罚劣，保证各项扶贫政策落到实处。

（三）"五个一批"

分批分类扶贫是实现精准扶贫的基础工具。习近平总书记在 2015 年详细论述了分批分类扶贫思想，并将之概括为"四个一批"，即"通过扶持生产和就业发展一批，通过移民搬迁安置一批，通过低保政策兜底一批，通过医疗救助扶持一批"。其中，"通过扶持生产和就业发展一批"，就是加强业务培训和培育计划，因地制宜制定特色扶持政策、机制，帮助一批具备软、硬件基本条件的群体迅速脱贫；"通过移民搬迁安置一批"，就是针对部分因居住地自然条件恶劣等因素、不具备扶贫脱贫的基本自然资源的贫困群体，有计划性地移民搬迁，安置到自然条件相对较好的居住地，并继续实施帮扶直至脱贫；"通过低保政策兜底一批"，就是针对部分劳动能力低下，或是丧失劳动能力的贫困人群，不再以就业培训为主，而是果断通过低保等民政救助的方式保障其基本生活；"通过医疗救助扶持一批"，就是帮助部分群体缓解医疗压力，杜绝因病致贫、增加贫困人口，也防止因病返贫、使得扶贫工作倒退。

在 2015 年 11 月召开的中央扶贫开发工作会议上，分批分类扶贫思想得到进一步完善，内容得到进一步拓展，由"四个一批"演进为"五个一批"：一是发展生产脱贫一批，引导和支持所有有劳动能力的人依靠自己的双手开创美好明天，立足当地资源，实现就地脱贫；二是易地搬迁脱贫一批，贫困人口很难实现就地脱贫的要实施易地搬迁，按规划、分年度、有计划组织实施，确保搬得出、稳得住、能致富；三是生态补偿脱贫一批，加大贫困地区生态保护修复力度，增加重点生态功能区转移支付，扩大政策实施范围，让有劳动能力的贫困人口就地转成护林员等生态保护人员；四是发展教育脱贫一批，治贫先治愚，扶贫先扶智，国家教育经费要继续向贫困地区倾斜、向基础教育倾斜、向职业教育倾斜，帮助贫困地区改善办学条件，对农村贫困家庭幼儿特别是留守儿童给予特殊关爱；五是社会保障兜底一批，对贫困人口中完全或部分丧失劳动能力的人，由社会保障来兜底，统筹协调农村贫困标准和农村低保标准，加大其他形式的社会救助力度。

分批分类扶贫可以有效解决我国的贫困问题。按照中央部署，以 2014 年 7000 万贫困人口计，到 2020 年，通过产业扶持，可以解决 3000 万人脱贫；通过转移就业，可以解决 1000 万人脱贫；通过易地搬迁，可以解决 1000 万人脱贫。总计可以解决 5000 万人左右的脱贫问题。除此之外，还有 2000 余万完全或部分丧失劳动能力的贫困人口，通过全部纳入低保覆盖范围，可以实现社保政策兜底脱贫。

（四）解决好"四个问题"

"扶持谁、谁来扶、怎么扶、如何退"是脱贫攻坚的四个关键问题。要在既定的时间节点确保现行标准下农村贫困人口全部脱贫，必须实施精准扶贫战略，解决好这四个关键问题。

在 2015 年 11 月召开的中央扶贫开发工作会议上，习近平总书记对解决这四个关键问题提出明确要求：要解决好"扶持谁"的问题，确保把真正的贫困人口弄清楚，把贫困人口、贫困程度、致贫原因等搞清楚，以便做到因户施策、因人施策；要解决好"谁来扶"的问题，加快形成中央统筹、省（自治区、直辖市）负总责、市（地）县抓落实的扶贫开发工作机制，做到分工明确、责任清晰、任务到人、考核到位；要解决好"怎么扶"的问题，按照贫困地区和贫困人口的具体情况，实施"五个一批"工程；要解决好"如何退"的问题，设定时间表，实现有序退出，既要防止拖延病，又要防止急躁症。

解决"扶持谁"问题，就是要瞄准扶贫对象。2013年12月，中共中央办公厅、国务院办公厅印发《关于创新机制扎实推进农村扶贫开发工作的意见》，提出建立精准扶贫工作机制。2014年，全国组织80多万人开展贫困识别，共识别12.8万个贫困村、2948万贫困户、8962万贫困人口，贫困群众家庭相关信息全部录入电脑，建立起了全国统一的扶贫信息管理系统。2015年，全国又组织200多万人开展"回头看"，剔除识别不准的贫困人口929万人，新识别补录贫困人口807万人。

解决"谁来扶"问题，就是要注重发挥合力。即发挥我国的政治优势和制度优势，强化各级党委、政府脱贫攻坚责任，改革对省级和县级的考核机制，引导贫困县党政领导把主要精力放在扶贫开发上；明确行业部门的责任，加强贫困地区基础设施建设，改善人居环境和住房安全，提高公共服务水平，为贫困人口脱贫创造条件；动员社会各方面参与扶贫，实现社会帮扶资源和精准扶贫有效对接；发挥贫困地区基层组织的战斗堡垒作用，选好配强驻村工作队（第一书记），激发贫困群众改变命运的斗志。

解决"怎么扶"问题，就是要根据致贫原因和发展需求分类施策。主要是根据党中央、国务院提出的"五个一批"的基本思路，通过发展生产脱贫、外出务工脱贫、易地搬迁脱贫、加强教育脱贫、医疗救助脱贫，解决贫困问题。

解决"如何退"问题，就是要建立和实施贫困人口脱贫和贫困县摘帽机制。从设定时间表、留出缓冲期、实行严格评估几个方面，按照标准验收，防范虚假脱贫、数字脱贫。

三、保险在脱贫攻坚中的功能作用

党的十八大以来，党中央、国务院在脱贫攻坚的目标、手段、关键问题等方面均作出精密规划和部署，彰显了举全党全社会之力打赢脱贫攻坚战的态度和为民务实的作风，为全国人民共同奔小康奠定了坚实基础。金融保险是脱贫攻坚的重要支撑，在实施精准扶贫、精准脱贫方面具有重要作用。区别于财政直接扶贫，金融保险扶贫是一种间接扶贫，在体制、路径、资源分配和机制上都存在区别，有着商业可持续性、精准滴灌、精准投放和注重"造血"等特点。尤其是，保险是防范和化解风险的重要手段，在扶贫工作中引入保险机制，有利于统筹利用社会扶贫资源，达成精准扶贫、精准脱贫目标，为打赢脱贫攻坚战提供强有力支撑。

（一）放大财政扶贫资金效用

我国扶贫开发坚持政府主导的原则。如《中国农村扶贫开发纲要(2011—2020年)》提出："坚持'政府主导，分级负责'，各级政府对本行政区域内扶贫开发工作负总责，把扶贫开发纳入经济社会发展战略及总体规划。"《中共中央国务院关于打赢脱贫攻坚战的决定》提出："坚持政府主导，增强社会合力。强化政府责任，引领市场、社会协同发力，鼓励先富帮后富，构建专项扶贫、行业扶贫、社会扶贫互为补充的大扶贫格局。"

中央财政投入是政府发挥主导作用的重要途径。财政专项扶贫资金是国家财政预算安排用于支持各省（自治区、直辖市）农村贫困地区、少数民族地区、边境地区、国有贫困农场、国有贫困林场、新疆生产建设兵团贫困团场加快经济社会发展，改善扶贫对象基本生产生活条件，增强其自我发展能力，帮助提高收入水平，促进消除农村贫困现象的专项资金。根据2011年11月财政部、国家发展改革委、国务院扶贫办联合印发的《财政专项扶贫资金管理办法》，财政专项扶贫资金按使用方向分为发展资金、以工代赈资金、少数民族发展资金、"三西"农业建设专项补助资金、国有贫困农场扶贫资金、国有贫困林场扶贫资金、扶贫贷款贴息资金，主要投向国家确定的连片特困地区和扶贫开发工作重点县、贫困村，其中新增部分主要用于连片特困地区。

在财政专项扶贫资金使用过程中，给予保费一定补助或补贴是支持保险扶贫的重要方式。《中共中央国务院关于打赢脱贫攻坚战的决定》在"加大金融扶贫力度"政策举措中提出："积极发展扶贫小额贷款保证保险，对贫困户保证保险保费予以补助。""扩大农业保险覆盖面，通过中央财政以奖代补等支持贫困地区特色农产品保险发展。""支持贫困地区开展特色农产品价格保险，有条件的地方可给予一定保费补贴。"

保险机制具有杠杆功能，用一部分财政扶贫资金补贴保费可以起到杠杆放大的作用和效果。这是因为，将财政扶贫资金转换为保费补贴后，通过大数法则和保险的风险分散、损失补偿机制，贫困地区的农民一旦遭遇灾害等意外事故损失，能够获得数倍、数十倍于财政保费补贴的赔付，及时得到补偿资金用于生活自救和再生产，较好解决因灾害或意外事故致贫返贫的问题。这能够显著提高财政投入的惠及范围，放大扶贫资金的使用效用，在更大范围内实现扶贫开发资源的优化配置，使财政资源的配置效能得到极大提升。

（二）提高贫困人口抗风险能力

贫困人口由于物质生活匮乏，抗风险能力极弱，一旦遭遇天灾人祸等风险事故或教育、疾病等高支出事件，很容易使贫困程度"雪上加霜"。国务院扶贫办的一项摸底调查显示，在2014年我国7000多万贫困人口中，因病致贫的占42%，因灾致贫的占20%，因学致贫的占10%，因劳动能力弱致贫的占8%，因其他原因致贫的占20%。在各种致贫原因中，因病致贫最为突出。目前，在我国所有贫困人口中，有1000多万患有慢性病或大病，"一人得病全家致贫、脱贫后一人得病全家返贫"现象相当普遍。其次是因灾致贫。农村贫困人口主要从事农业生产，而农业是一个"靠天吃饭"的弱质行业，极易遭受台风、强降雨、干旱、冻害、病虫害等自然灾害侵袭，一旦遭遇自然灾害，通常都会致贫或使贫困加剧。

由于疾病、灾害等风险是导致贫困最重要的因素，因此，增强贫困人口抵御疾病风险、灾害风险的能力就成了脱贫攻坚的重要内容。为了切实增强贫困人口的抗风险能力，迫切需要发挥政府和市场两种力量，加快完善损失补偿机制，建立高效运作的综合风险保障体系。然而，长期以来，我国政府往往是各种风险事故及公共安全事件的危机管理主体，市场化的应对机制相对薄弱，特别是商业保险在损失补偿方面的作用十分有限，与西方发达国家相比有很大差距。

保险作为市场化的风险转移机制，具有重要的经济补偿功能，是构建综合风险保障体系的重要力量，可以在提高贫困人口抗风险能力上发挥积极作用。通过保险的损失补偿机制，人们一旦遭遇疾病或灾害风险，可以及时得到损失补偿资金，避免因病因灾致贫返贫，能够显著提高抵御风险的能力。例如 2015 年，辽宁遭遇特大旱灾，农业保险支付赔款 15 亿元，大大降低了受灾农户因灾致贫的可能性，而政府基本未拨付专门的救灾资金。

（三）改善贫困地区金融生态

我国农村贫困地区贫困面大、贫困人口多、贫困程度深，基础设施薄弱，技术资金缺乏，增收渠道少，受自然灾害威胁较为严重，如此种种，导致"贫血"情况较为严重。面对这样的局面，必须通过政策资金扶持、社会保障托底等举措及时"输血"，缓解"病情"，解决好"燃眉之急"。然而，这只是一种暂时性"治疗"措施，虽能在短期内见成效，但只能治标，不能治本。

对于贫困地区来说，"造血"其实比"输血"更重要。如果没有"造血"功能，即使输入再多，一旦停止"输血"，最终仍会"原地踏步"，重返贫困。

因此，要根治"贫血"，必须实施开发式扶贫，通过激发、重塑"造血"功能，将外在"输血"和内在"造血"相结合，最终拔掉"贫根"、根治"贫病"，只有这样，贫困人口才能如期脱贫。开发式扶贫，是指在国家政策支持下，努力改善贫困地区的发展环境，充分调动贫困人口的积极性和创造性，激发内生动力，增强自我发展能力和自身"造血"能力，通过依靠自身力量逐步摆脱贫困、走向富裕。开发式扶贫的重要手段是产业扶贫。贫困地区的产业化、集约化发展，是贫困人口脱贫致富的依托。发展产业需要资金，但由于农村征信体系不健全，信用担保机制缺乏，受资产构成单一、信贷风险高、缺少抵押物等因素影响，贫困人群普遍存在贷款难、融资贵难题，导致金融支持"血脉不通"，亟须创造有利于"造血"式扶贫的金融环境。

保险具有重要的增信功能。通过保险机制，在风险可控的前提下，开发适合市场需求的贷款保证保险等增信类产品，为广大贫困农户提供信用增级服务，可以有效分担银行等金融机构的信贷风险，帮助贫困户更便捷地获得贷款，推动信贷资源向贫困地区的投放，从而改善贫困地区的金融生态，促进金融信贷对"三农"的支持，缓解农村金融抑制，使扶贫开发从"输血"式向"造血"式转变。

（四）缓解贫困地区资金短缺

在改善金融扶贫信贷环境的同时，保险还可以发挥直接融资功能，在社会资金和扶贫需求之间，架起精准的资金投放通道，进一步改善贫困地区的金融生态。长期以来，我国扶贫资金主要依靠政府的财政投入，而在应当占据更重要地位的市场融资方面，如果仅依靠贫困地区或贫困人口自身资质进行融资，不仅难度大，成本也高。随着脱贫攻坚的不断推进，对扶贫资金、项目的需求势必会越来越大，不可避免产生扶贫资金缺口，因而特别需要有更多社会资金参与到扶贫开发中来。

近年来，我国保险业发展十分迅速，截至 2016 年 6 月，总资产已达14.3 万亿元，资金运用余额达 12.6 万亿元，成为投融资市场一股迅速崛起的重要力量。在扶贫开发过程中，保险资金充分发挥资金融通功能和"长期投资"的独特优势，通过债权、股权、资产支持计划等适当形式，参与到贫困地区的基础设施、重点产业和民生工程建设中去，可以有效缓解贫困地区资金短缺，促进农村特别是贫困地区的金融市场向纵深发展。

四、脱贫攻坚引入保险机制的重大意义

保险助推脱贫攻坚，是党中央、国务院赋予保险业的一项重大政治任务，既是保险业义不容辞的社会责任，也是保险业应有的使命与担当。保险机制在脱贫攻坚中具有重要的杠杆放大、风险保障、增信融资等作用，将保险机制引入扶贫开发和脱贫攻坚工程，对完善精准扶贫政策体系、发挥政府与市场两方面的作用，以及深化农村社会治理体系改革意义重大。

（一）有利于完善精准扶贫政策体系

我国扶贫开发政策体系主要包括财政政策、金融政策、用地政策及科技、人才政策四个方面。《中共中央国务院关于打赢脱贫攻坚战的决定》分别以"加大财政扶贫投入力度"、"加大金融扶贫力度"、"完善扶贫开发用地政策"、"发挥科技、人才支撑作用"为题，对脱贫攻坚的政策体系进行了阐述。此后，国家"十三五"规划纲要又在第十三篇"全力实施脱贫攻坚"中的"强化政策保障"部分，对这四个方面的政策进行了概括。

财政、金融、用地及科技、人才等方面的政策是一个有机整体，支撑着中国当前的扶贫开发和脱贫攻坚事业。其中，在财政政策上，中央财政继续加大对贫困地区的转移支付力度，专项扶贫资金规模实现较大幅度增长，一般性转移支付资金、各类涉及民生的专项转移支付资金和中央预算内投资进一步向贫困地区和贫困人口倾斜；在金融政策上，鼓励和引导商业性、政策性、开发性、合作性等各类金融机构加大对扶贫开发的金融支持，运用多种货币政策工具向金融机构提供长期、低成本的资金，积极发展扶贫小额贷款保证保险，扩大农业保险覆盖面，支持贫困地区开展特色农产品价格保险；在用地政策上，支持贫困地区调整完善土地利用总体规划，新增建设用地计划指标优先保障扶贫开发用地需要，中央和省级在安排土地整治工程和项目、分配下达高标准基本农田建设计划和补助资金时向贫困地区倾斜；在科技、人才政策上，加快先进适用技术成果在贫困地区的转化，解决贫困地区特色产业发展和生态建设中的关键技术问题，强化贫困地区基层农技推广体系建设，加强新型职业农民培训，积极推进贫困村创业致富带头人培训工程。

保险扶贫作为金融扶贫政策的重要内容，是扶贫开发政策体系的有机组成部分，在完善扶贫开发政策体系中担负着重要角色。首先，保险机制的保障功能和融资功能可以直接服务于扶贫开发，提升贫困地区和贫困人口的风险保障能力，增加扶贫开发资金融通渠道的多样性。保险业找准参与扶贫开发体系建设的切入点，发挥专业服务优势，精准发力、定向施策，在疾病医疗、农业生产等方面为贫困人口提供风险保障，在基础设施、民生工程建设等方面为贫困地区提供融资支持，能够切实减轻贫困人口和贫困地区的经济负担，有效破解因病因灾致贫返贫的现实难题，改善贫困地区的生存环境，既解决贫困人口的后顾之忧，推动脱贫攻坚工程精准落地，又避免贫困人口的生产生活动荡，有效维护社会和谐稳定。其次，保险机制的杠杆功能和增信功能可以与其他政策相结合，放大财政扶贫资金的使用效应，推动信贷资源向贫困地区的投放。扶贫开发各种政策皆有其优势和功用，但又都受到自身的一些局限。例如，财政投入是政府重要的强力扶贫手段，但财政投入的体制机制性障碍依然存在，对象失真、程序失范、资源浪费、负向激励、"撇脂"行为、效率效益不高等问题突出，且财政投入的资金规模毕竟有限，难以满足脱贫攻坚资金的需要。又如，小额信贷是扶贫开发金融政策的优选项，但长期以来因投放成本大、风险高、利润低，很多商业银行不愿主动开展此项业务，而承担了大量投放任务的农村中小金融机构又出现小额贷款不良逾期率高的现象。扶贫开发政策体系贵在统筹协调、相互配合、聚焦发力，最大限度放大各项扶贫政策的应用效应。在扶贫开发政策体系中加入保险机制，有助于撬动、整合各类政策资源，确保各项政策措施更有针对性和实效性，提升政策"工具箱"的整体效能。

（二）有利于发挥政府与市场两方面的作用

党的十八届三中全会指出，要处理好政府与市场的关系，使市场在资源配置中起决定性作用。从开发扶贫的主体角度看，一方面，解决贫困问题是党和政府义不容辞的责任，从组织领导到推动实施，再到政策支持和财力投入，各级政府是扶贫工作的主导者和责任人；另一方面，也要充分发挥市场机制和社会机制的作用，在坚持"老三样"（东西部扶贫协作、定点扶贫以及军队和武警部队扶贫）的同时，调动全社会力量加入到脱贫攻坚中，使"新三样"（民营企业、社会组织、公民个人参与扶贫）发挥更大作用。也就是说，应充分发挥政府在精准扶贫中的引导和统筹作用，该由政府负责的，一定要管好，不能缺位、错位，不能盲目按照市场规则进行扶贫；但政府也不能大包大揽，不该由政府直接插手的，或可以不插手的，要坚决放手由市场或社会自主解决。政府在履行扶贫开发主体责任的同时，注重运用市场这只"看不见的手"，通过建立有效的激励机制，吸引更多的社会资源参与脱贫攻坚，可以走出一条靠发展市场经济带动群众脱贫致富的好路子。正因为如此，《中共中央国务院关于打赢脱贫攻坚战的决定》提出了六项基本原则，其中之一就是"坚持政府主导，增强社会合力"，强调要"强化政府责任，引领市场、社会协同发力，鼓励先富帮后富，构建专项扶贫、行业扶贫、社会扶贫互为补充的大扶贫格局"。

将商业保险机制引入扶贫开发，可以有效提升扶贫资金的使用效率，优化贫困地区的公共服务，增强贫困地区和贫困人口的抗风险能力，既体现政府在扶贫开发中的主导作用，又充分调动社会主体尤其是商业保险机构的积极性和创造力，减轻政府管理压力，提升政府治理水平，使政府将工作重心专注于政策制定和业务监督，帮助政府"管到位"、"放到位"。尤其是，过去政府主导和主办的扶贫项目存在"撒胡椒面"、浪费扶贫资源等问题。保险以契约合同形式明确了各方的权利义务，有明确的对象指向，且可以发挥在风险管理、精算等方面的专业优势，对因病因灾等不同原因致贫返贫的人群开发有针对性的保险产品，为贫困户量身定做一揽子精准扶贫保险服务。因此，将保险机制引入扶贫开发，通过保险的市场化运作和第三方管理，可以实现对贫困人口的精准服务和"点对点"滴灌投放，避免"大水漫灌"式资源投放和数字脱贫、虚假脱贫等现象发生，提高扶贫开发工作的科学性和精准性，推进国家精准扶贫战略的有效贯彻和落实，使扶贫开发工作明明白白见成效、实实在在可持续。此外，由于参与扶贫开发的大多为全国性的大型保险公司，将保险机制引入扶贫开发，还可以通过市场机制的调节作用，起到对扶贫资源在全国范围内进行优化配置的间接功效，提高扶贫资源的整体效能。

（三）有利于优化农村贫困治理体系

改革开放 30 多年来，随着贫困和减贫形势的不断变化，我国农村贫困治理体系先后经历了几次调整。20 世纪 80 年代中期以前，扶贫主要实行救济的方式，即通过生活救济和财政补贴，政府直接把粮食、衣物和现金等分配给贫困户，帮助贫困人口渡过难关，这种方式也被称作"输血"式扶贫。1986 年，我国政府确定以开发式扶贫作为农村扶贫政策的核心，要求以经济建设为中心，支持、鼓励贫困地区农户改善生产条件，开发当地资源，发展商品生产，增强自我积累和发展能力。党的十八大以来，国家在贫困治理上进行了战略性调整，将扶贫开发从单一的经济治理领域扩展到更为丰富的社会治理领域，着手构建"三位一体"的扶贫开发治理体系，推动政府、市场、社会协同推进大扶贫开发格局。

完善和发展中国特色社会主义制度，推进国家治理体系和治理能力现代化，是党的十八届三中全会提出的全面深化改革总目标。"治理"概念的提出有深刻的历史背景。习近平总书记指出，治理和管理一字之差，体现的是系统治理、依法治理、源头治理、综合施策。"社会治理"强调主体多元、社会协同、公众参与，国家管理者是主体，公众也是主体，还有各类组织、各单位都是参加治理的主体。过去，我国的扶贫实践更多体现的是经济思维，习惯于在扶贫资金、项目、效益上打转转。然而，贫困是一个复杂的社会现象，扶贫是一项复杂的社会系统工程，其中任何一个问题都是动态性、相对性、多样性和多维性的综合。党的十八大以来，通过农村贫困治理模式的改革创新，将社会治理引入扶贫开发工作，意味着以社会治理实现精准扶贫目标成为"十三五"时期我国实现贫困人口最终全部脱贫的必然选择。这要求我们，必须站在建构政府、市场、社会协同推进的大扶贫格局以及推进国家治理体系和治理能力现代化的战略高度去思考问题。

2014年印发的《国务院关于加快发展现代保险服务业的若干意见》提出，保险是现代经济的重要产业和风险管理的基本手段，是社会文明水平、经济发达程度、社会治理能力的重要标志。将保险视作社会治理能力的重要标志，是保险业发展的重大理论创新。保险是社会的"稳定器"，服务领域覆盖家庭、企业等各个社会主体，与经济社会发展的各个方面联系紧密，已成为国家治理和社会治理的重要力量，作用体现在促进就业、保障民生、应对风险、化解矛盾、完善社会保障体系、创新政府公共服务、助推经济转型发展等诸多方面。在扶贫开发中引入保险机制，可以充分发挥保险的社会治理作用，打通社会风险保障体系各个环节之间的隔离，实现不同制度层级的有效衔接，优化资源配置，拓展扶贫领域，使农村贫困治理体系得以进一步完善和有效运转。

第二章

保险业助推脱贫攻坚的主要途径

2016 年 5 月 26 日，中国保监会与国务院扶贫办联合印发《关于做好保险业助推脱贫攻坚工作的意见》，提出定向发挥保险经济补偿功能、信用增信功能、资金融通功能，精准对接农业保险、健康保险、民生保险、产业脱贫保险、教育脱贫保险服务需求。根据保险机制的功能作用，保险业助推脱贫攻坚主要有以下途径：农业保险扶贫、大病保险扶贫、民生保险扶贫、增信融资扶贫。此外，还有助推教育扶贫等其他途径。

一、 农业保险扶贫

我国是一个农业大国，耕地面积占全世界耕地面积的 7%，农村人口有 6.7 亿，绝大部分贫困人口生活在农村。农业问题的解决是推动经济社会发展、改善民生、全面建成小康社会的关键。由于农业生产面临的灾害风险系数高，尤其是贫困地区的农业基础设施仍较薄弱、农业现代化程度不高，对于贫困地区的农户来说，一场突如其来的自然灾害就会将其再次推向贫困的边缘。目前，我国因各种自然灾害致贫占到贫困成因的 20%，灾害对农业生产的威胁是妨碍脱贫攻坚取得胜利的最大拦路虎之一。

农业保险是指保险机构根据农业保险合同，对被保险人在农业生产过程中因保险标的遭受约定的自然灾害、意外事故、疫病、疾病等保险事故所造成的财产损失，承担赔偿保险金责任的保险活动。农业保险可以有效分散和化解农业生产经营中的风险，是农村风险保障体系的重要支柱，也是脱贫攻坚的利器之一。通过完善农业保险保障，使农户受灾后得到及时赔付，能够有效降低农民因灾致贫返贫的风险。为此，中国保监会将农业保险确定为保险业打好脱贫攻坚战的主攻方向之一。在扶贫工作中，利用和发挥好农业保险的作用，为贫困户生产经营兜底，可为贫困人口防止致贫返贫构筑起一道人工屏障。尤其是，经过近年来的不断创新，我国农业保险发展已进入 2.0 时代，农业保险广泛融入农业产业链各个环节，在脱贫攻坚中发挥的作用更大。

（一）传统农业保险

传统农业保险主要为产量、成本提供保障，赔偿以约定的风险事故导致投保标的损失为触发条件，主要包括种植业保险和养殖业保险。其中，种植业保险承保的对象是植物性生产的保险标的，包括粮食作物保险、经济作物保险、蔬菜园艺作物保险、水果和果树保险、林木保险等，是政府财政支持的主要类型。种植业生产活动几乎都是在自然条件下完成的，收成好坏直接依赖于自然界的力量，取决于气象灾害、地质灾害、病虫灾害等自然灾害对生产过程的威胁程度。为了有效抵御自然灾害对种植业生产的威胁，贫困地区通常根据本地的气候特点和以往遭遇自然灾害的规律，选定一些种类的自然灾害对本地种植物进行投保，国家或地方财政给予一定的保费补贴。养殖业保险承保的对象是动物性生产的保险标的，主要包括牲畜保险、家禽保险、水产养殖保险等。养殖业保险能够有效化解疫病带来的养殖风险，保障贫困人口养殖的收益，促进养殖业全程风险保障体系的建立与完善，从而使养殖贫困户脱贫效果更稳固、更长久，为农户收入增长和脱贫致富奠定坚实基础。

我国传统农业保险开办相对较早。1980 年恢复国内保险业务后，就在部分地区开始试办商业性种植业和养殖业保险。但在缺乏相关政策支持的情况下，由于农民缴费能力较低与保险公司亏损严重的矛盾无法解决，20 世纪 90 年代，农业保险发展进入萎缩徘徊阶段。2003 年，党的十六届三中全会首次提出"探索建立政策性农业保险制度"。之后，每年的中央一号文件都对农业保险作出部署，发展农业保险遂成为国家战略。2007 年，国家开始对农业保险给予财政、税收等方面的政策支持，农业保险发展因之进入快车道。2012 年，国务院颁布《农业保险条例》，明确了农业保险发展的基本原则、支持政策、经营规范和监管要求等，为农业保险的健康、规范发展奠定了法律基础。2015 年，中国保监会联合财政部、农业部启动农业保险产品改革，通过扩展保险责任、提高保障水平、简化理赔条件等方式，进一步让利于农，促进农业保险扶贫政策的落地。

黑龙江农业保险在服务生产扶贫方面成效明显

黑龙江省是农业大省、全国"大粮仓"，粮食总产量全国第一。然而，受极端天气事件增多影响，近年来农业自然灾害发生几率、频率增加，因灾致贫返贫屡见不鲜。据报道，2014 年，黑龙江全面开展贫困村、贫困户识别工作，共识别出贫困村 1765 个，占黑龙江全省行政村的 19.6%，识别出农村贫困人口 211.6 万，占黑龙江全省农村人口的 11.9%，脱贫攻坚任务仍十分艰巨。

为了增强广大贫困农户的风险保障能力，促进生产扶贫，黑龙江省充分发挥农业保险的防灾减灾和经济补偿功能，大力发展政策性农业保险，对支持农业灾后恢复再生产，稳定农户生活，缓解"因灾致贫、因灾返贫"现象发生发挥了积极作用。据统计，"十二五"期间，黑龙江省农业保险累计承保种植业保险面积 57.5 亿亩，提供风险保障 1951 亿元，累计向 263 万户次受灾农户支付赔款 79.4 亿元；养殖业保险累计承保各类牲畜、禽类 1.3 亿头（只），提供风险保障 138 亿元，累计向 16.8 万户次受灾农户支付赔款 4.5 亿元。2013 年，黑龙江省遭遇洪涝灾害，农业保险赔款总额达 27.16 亿元，创全国单一省份农业保险赔款最高纪录。2015 年，黑龙江省农业保险覆盖近 1 亿亩耕地、6300 万亩森林、1300 万头（只）牲畜家禽，支付赔款 18.98 亿元，受益农户 69.73 万户次，有效抑制了因灾致贫返贫现象的发生。

（二）特色优势农产品保险

我国不少贫困地区农业资源丰富，区域特色显著，具有发展特色农业的比较优势。特色农业生产具有品种多、投入大、收益高、风险大等复合型特点。由于贫困地区往往也是自然灾害多发地区，台风、洪涝、干旱、低温冰冻、火灾等灾害频发，开展特色农业生产面临严重风险困扰。特色优势农产品保险主要承保特色优势农产品上市之前遭遇的旱、涝、寒冻等自然灾害风险。发展特色优势农产品保险，有利于充分发挥保险的"稳定器"和"助推器"作用，帮助农户有效抵御特色农业生产过程中面临的风险，对促进贫困地区农业产业结构升级、保障农户收入持续稳定增长、改善和优化金融服务环境，都具有十分重要的意义。

近年来，国家将发展特色优势农产品保险作为脱贫攻坚的一项重要政策举措，支持力度不断加大。2014 年中央一号文件《关于全面深化农村改革加快推进农业现代化的若干意见》提出，鼓励保险机构开展特色优势农产品保险，有条件的地方提供保费补贴，中央财政通过以奖代补等方式予以支持。2016 年中央一号文件《关于落实发展新理念加快农业现代化实现全面小康目标的若干意见》强调，支持地方发展特色优势农产品保险、渔业保险、设施农业保险。2015 年 11 月 29 日，《中共中央国务院关于打赢脱贫攻坚战的决定》要求，扩大农业保险覆盖面，通过中央财政以奖代补等支持贫困地区特色农产品保险发展。

根据中央文件精神，近年来，全国不少地区结合本地实际，积极开展特色优势农产品保险工作，为地区特色农业发展和脱贫攻坚保驾护航。

2009年9月，安徽省出台《关于鼓励开展特色农产品保险试点的指导意见》，要求各地结合当地特色农产品生产实际和农户需求，遵循"政府引导、自主自愿、市场运作"的原则，自主选择特色农产品开展试点，并运用保费补贴或奖励等政策手段，引导、鼓励特色农产品生产户（农村经济合作组织、龙头企业及农户等）和保险机构自主自愿参与。2014年11月，安徽省再度印发《关于进一步发挥财政引导作用支持贫困地区开展特色优势农产品保险的通知》，支持贫困地区开展特色农产品保险，明确省级财政扶持的重点县特色农产品保险承保对象主要包括但不限于：大棚蔬菜、茶叶、中药材、烟叶、茭白、生姜、经济果林（包括各类水果、毛竹、核桃、板栗、油茶等）、蚕桑、畜禽、水产等。2015年3月，广西出台《关于鼓励开展地方特色农产品保险若干指导意见》，按照"政府引导、部门推动、市场运作、自主自愿、鼓励创新、先行先试"的原则，全面启动地方特色农产品保险工作，推动形成中央"保大宗、保成本"和地方"保特色、保产量"相结合的多元化农业保险体系，保障农业生产可持续，维护农民生产积极性。该指导意见明确农业保险由15个险种扩大到所有农产品，鼓励保险公司与行业主管部门协调合作，开展水果、桑蚕、海产品等特色种植养殖保险，自治区财政对地方特色农产品保险建立"定向补贴"和"以奖代补"相结合的激励机制。

四川阿坝州红原县开展特色农牧业养殖保险

国家级贫困县四川阿坝州红原县是长江、黄河上游的主要生态屏障和主要水源涵养地，是阿坝州海拔最高、气候最恶劣、条件最艰苦的高寒草地纯牧业县，受传统养殖习惯影响，抵御自然灾害和疫情风险能力低，养殖业面临着巨大风险，严重影响农牧民增收。

为了建立起现代草原畜牧业生产风险保障机制，降低广大牧民的养殖风险，2013 年 11 月，红原县与中航安盟财产保险公司建立了牦牛养殖保险合作关系，率先在四川全省藏区启动特色农牧业养殖保险。具体方案是：牧民自愿为畜龄 1 周岁以上、体重 40 公斤以上、无伤残、无保险责任范围内疾病的适龄牦牛投保，每头牛 1 年保额为 2000 元，保费为 120 元，按照中央、省、州、县财政分级补助的方式，中央补助 48 元，省补助 30 元，州、县补助 18 元，牧民个人投保 24 元。在特色保险启动后短短两个月内，全县累计实施牦牛保险数 18.92 万头，为牧民提供风险保障 3.754 亿元。2014 年，累计承保牦牛 110.77 万头，累计赔付 2183 万元，受益农户 9031 户次，人均助农增收 1103 元，占当地农牧民计划增收任务（1554 元）的 70.96%。同时，由于稳定了牧民养殖预期，从而稳定了牦牛养殖，还吸引了几家乳制品企业去当地投资建厂，既解决就业，又发展生产。

2014 年 1 月 13 日，红原县在瓦切镇隆重举行红原县牦牛养殖保险现场集中理赔仪式，迈出了四川高寒牧区牦牛保险理赔标志性的一步。红原县委书记何飚在集中理赔仪式上指出：数百年来，畜牧业始终是红原县的传统优势产业和支柱产业，始终是全县农牧民收入的主要来源，但受传统养殖习惯和自然灾害多发的影响，全县牦牛养殖抵御自然灾害和疫情风险能力较低，影响着农牧民增收和农牧民生活质量。实施牦牛养殖保险，极大降低了牦牛养殖面临的自然风险，提高了牧民抗击自然风险的能力，这是红原的福气、牧业的福音、牧民的福利。

（三）农产品目标价格保险

农业生产的脆弱性在于，生产经营过程中面临来自自然、人为和经济环境交错形成的各种风险。从风险形态来看，既有自然风险，也有市场风险。当前广泛实施的政策性农业保险承保的主要是自然风险，对自然灾害和意外事故造成的农作物产量损失提供经济补偿，转移和减缓自然灾害对农户生产经营造成的冲击。在市场经济中，农产品价格大起大落是农民生产的一大困扰。然而，针对农产品市场价格风险，保险业尚未有大的承保业务，目前仅在北京、上海、贵阳等一些地区小范围实施蔬菜、生猪价格保险，主要承保因市场价格跌落可能面临的收益损失，而针对主要粮食作物的大范围农产品价格保险尚未开展。随着后 WTO 时代的推进，我国农产品市场的开放将逐步放宽，来自国际农产品供给的增长将给我国农户的农产品种植造成冲击，实施农产品目标价格保险势在必行。

农产品目标价格保险是对农产品市场风险进行汇聚、分散和转移的一种制度安排。与传统农业保险相比，农产品目标价格保险突破了传统农业保险只保自然风险的局限，实现了农业风险保障从自然风险到兼顾市场风险的过渡。通过发展农产品目标价格保险，给农民面临的市场风险上保险，让农民的收入进"保险箱"，对提高农民生产的积极性、保证农产品的生产和供给、促进农业生产和脱贫致富具有积极推动作用。与目前施行的粮食目标价格补贴政策和农业成本保险相比，农产品目标价格保险保障更全面，更有利于调动农户种植积极性，是发达国家采用的分散农业风险的有效方式。为此，2014 年中央一号文件首次提出，探索粮食、生猪等农产品目标价格保险试点。2016 年中央一号文件再次强调，探索开展重要农产品目标价格保险。根据中央要求，截至 2015 年年底，已经有 26 个省市启动农产品目标价格保险试点，试点品种达 18 个，保费收入 6.08 亿元，较 2014 年翻了一番。如 2015 年 8 月，贵州在贵阳启动政策性农产品目标价格保险试点工作，选择贵阳市范围内部分蔬菜和生猪重点企业、合作社、家庭农场、种养殖大户作为农产品价格保险投保人，生猪投保总量 10 万头，蔬菜投保总量 3 万亩次，保费由省级财政、市级财政和投保人按 5：3：2 的比例分摊，投保农产品离地价格一旦跌破合同约定的目标价格，保险公司将给予理赔补偿。

新疆哈密启动政策性大枣目标价格保险试点

哈密大枣是享誉全国的新疆红枣品种，也是哈密市农业支柱产业之一。当地盛果期枣树面积达 23 万亩。2016 年 7 月，哈密市在伊州区启动政策性大枣目标价格保险试点，积极破解近年来大枣价格剧烈波动难题，保障特色农业发展和少数民族群众增收。作为新疆首个特色农产品目标价格保险项目，该保险首批承保枣树 6 万亩。根据试点方案，2016 年的大枣目标价格确定为 7.5 元 / 公斤，在大枣集中上市的 11 月 1 日至次年 1 月 31 日，物价部门监测的大枣市场收购价加权平均值低于目标价格时，即启动理赔程序。试点初期，以保障生产物化成本投入为主，保额 1000 元 / 亩，费率 8%，哈密市财政、伊州区财政和被保险人按照 3：5：2 的比例分担保费，种植者每投保 1 亩大枣只需缴纳 16 元，两级财政补贴 64 元。

（四）天气指数保险

天气指数保险是以气象数据为依据计算赔偿金额的一种新型农业保险，基本方法是把一个或几个气候条件（如气温、降水、风速等）对农产品的损害程度指数化，使每个指数都有对应的农产品产量损益，保险合同以这种指数为基础，当指数达到一定水平并且对农产品造成一定影响时，即向投保人给予相应标准的赔付。

传统农业保险的损失补偿由特定气象条件对特定标的造成损失的大小触发，而天气指数保险则是基于客观标准的天气指数变动触发。前者可以更有针对性地弥补被保险人个体由气象条件变化带来的经济损失，后者则是针对被保险人群体的统一补偿。保险公司是否给投保农户赔付，不再看实际损失，只看是否达到事先约定的指数值。天气指数保险的最大特点是标准化。同一风险区划内的投保人以相同费率投保，能否赔款以及赔款多少，取决于实际指数与约定指数的偏差，而实际指数又依据独立、客观的气象数据计算，与个别投保人的产量无关，因此，同一风险区划内的所有投保人通常会获得相同标准的赔款。天气指数保险的标准化特点还衍生了很多传统保单难以比拟的优势：一是赔款与个别投保人的产量无关，可以有效解决道德风险和逆选择问题；二是承保不需考虑投保人差异，查勘、定损和理赔不需要复杂技术，管理成本低；三是标准化合同容易实现二级市场流通，可以充分利用资本市场分散农业风险；四是标准化合同容易实现"天气指数保险＋互联网"的产品创新。

由于天气指数保险具有诸多优势，近年来，国家对发展天气指数保险越来越重视，从保障民生的角度确定了天气指数保险的地位。2014 年印发的《国务院关于加快发展现代保险服务业的若干意见》提出，探索天气指数保险等新兴产品和服务，丰富农业保险风险管理工具。2016 年中央一号文件强调，探索开展天气指数保险试点。尽管天气指数保险具有诸多优点，但由于适用范围有限，研发难度和研发成本较高，很难成为农业保险的普适产品，只能作为传统农业保险的有效补充。

案例

湖北开展水稻气象指数保险试点工作

水稻是湖北的优势粮食作物，常年种植面积稳定在 3200 万亩左右，占全省粮食作物面积的一半。然而，水稻产量一直"靠天收"，因灾减产歉收甚至绝收时有发生，水稻种植收益不确定性较大。高温热害和暴雨洪涝是对湖北省水稻生产影响最大的两个气象灾害。针对这两大灾害，2016 年，在农业部的大力支持下，湖北省依托金融创新试点项目，开展了水稻气象指数保险试点工作。

一是高温热害气象指数保险。该项目以热害指数的历史发生概率为依据来划分热害等级，各级的初始值作为热害保险的赔付触发值，触发值的选择原则是使实际保险赔付概率在事先预定的设计范围内，结合实地调研和保险产品设计要求，选定50%左右免赔概率作为启动赔付。

二是暴雨洪涝灾害保险。湖北省气象部门在对气象灾害风险普查与区划、暴雨洪涝淹没模型和不同发育期对产量的影响等研究基础上，以易涝区江汉平原腹地仙桃市的3个乡镇为试点，运用地理信息技术和乡镇雨量站资料、洪涝灾害淹水不同水深历时灾损试验数据，综合考虑当地的排水能力，建立了暴雨天气指数公式，保险公司据此设计了仙桃市的暴雨洪涝天气指数保险产品。

湖北省选择的创新试点涵盖9个县市。截至2016年8月底，试点县市累计承保水稻116万亩，参保农户达到20.62万户，收取保费1194万元。水稻气象指数保险推出后，在应对气象灾害中已见成效。2016年7月13日，仙桃市部分渍水刚刚退去，人保财险湖北省分公司就根据气象部门提供的暴雨指数值，启动理赔机制，将1000万元保险赔款直接支付给2.25万户农户。9月1日，湖北全省首笔"水稻高温天气指数保险"赔款则落单枝江，256万元赔款悉数发放到该市3.8万户农户手中。

（五）设施农业保险

设施农业是现代农业发展的重要趋势，它通过采用现代化农业生产设施和技术，为动植物繁殖生长提供人为可控、相对适宜的生存环境，在一定程度上改变动植物对外部环境的依赖，从而打破农业生产的季节性，使消费者随时可以享受到反季节性农产品，满足市场上多元化、多层次的农产品需求。设施农业分为设施园艺、设施养殖两种类型，具有高投入、高产出、高技术含量等特点，同时也面临着高风险。设施农业面临的风险既有市场风险，更有自然风险。遇到暴雨、台风、冰雹等恶劣天气，不仅设施被损坏，设施内的种植物、养殖物也会遭遇灭顶之灾，严重的可能造成农户因灾致贫、合作社或生产企业破产。

设施农业保险是通过保险手段为设施农业提供必要赔付、保障设施农业健康发展的一种政策性保险。保险标的一般为设施中的大棚墙体及立柱、骨架、棚膜、棉被等，保险责任为暴雨、洪涝、雹灾、风灾、暴雪等自然灾害原因造成的保险标的损失。设施农业是促进农业规模化经营的有效途径，也是提升农产品核心竞争力、促进农民增收致富的重要保障。为稳定农村正常生产生活秩序，提高设施农业和农户抵御自然灾害的能力，积极开展设施农业保险势在必行。为此，2016 年中央一号文件明确提出，支持地方发展设施农业保险。2016 年 5 月，中国保监会与国务院扶贫办联合印发《关于做好保险业助推脱贫攻坚工作的意见》，进一步强调，积极开发推广设施农业保险。

江苏积极发展设施农业保险

近 10 多年来，江苏省各地围绕率先实现农业现代化目标任务，大力发展高效设施农业，用现代工程技术与物质装备改造提升传统农业，有效提高了农业综合生产能力和生产效益，增加了蔬菜等"菜篮子"产品供给，促进了农民就业增收。

为了规避高效设施农业面临的风险，促进高效设施农业的平稳发展，从 2008 年起，江苏省将发展设施农业保险列入农业保险的工作重点，省政府每年下发的农险文件都强调大力发展高效设施农业保险。江苏省开展设施农业保险的主要做法可以概括为"财政支持，联办共保"。根据《江苏省农业保险补贴标准》，对高效设施农业保险，省财政给予一定比例的保费补贴，补贴标准为：苏南地区 20%，苏中地区 30%，苏北地区 50%。为推进高效设施农业保险工作进程，从 2010 年开始，省财政实施对高效设施农业保险保费奖励制度。以省辖市为考核单位，当全市当年高效设施农业保险（不含能繁母猪保险）的保费收入，达到该地区主要种植业保费收入的 10% 以上（含 10%）时，省财政在原有保费补贴比例基础上增加 10 个百分点的保费补贴；当全市当年高效设施农业保险的保费收入，达到该地区主要种植业保费收入的 20% 以上（含 20%）时，省财政在原有保费补贴比例基础上增加 20 个百分点的保费奖励。在操作层面，江苏设施农业保险实行政府与保险公司"联办共保"的运营模式，地方政府负责制定补贴政策，采取多种措施支持保险公司开展农业保险工作，保险公司则负责落实具体农业保险方案，开展农业保险实务操作及业务管理。

2014 年 2 月，江苏省农险办制定下发《关于完善江苏省政策性高效设施农业保险条款内容的通知》，对既有 12 个高效设施农业保险产品的条款内容，通过降低起赔点、降低免赔率、增加保险责任、提高赔付标准等进行了修订和完善，新增了 12 个高效设施农业保险产品，并纳入省级保费财政补贴范围。经过完善、新增高效设施农业保险产品，江苏全省各地高效设施农业保险的覆盖面进一步扩大，对高效设施农业发展的保障力度也进一步增强。

二、大病保险扶贫

巨额医疗支出是大病风险的一个基本特征。世界卫生组织对大病的描述也基于经济维度，即"灾难性医疗支出"。一人得大病，全家陷困境。因大病而产生的巨额医药费用，是许多普通家庭的不能承受之重。面对大病带来的医疗费用负担，因病致贫返贫问题一直比较突出。原卫生部统计信息中心与世卫组织曾做过相关统计分析，2011 年我国"灾难性医疗支出"的发生比例为 12.9%。而国务院扶贫办 2014 年的摸底调查显示，在全国 7000 多万贫困人口中，因病致贫的占 42%，是当前减贫脱贫面临的最大难题。

大病保障是评判一个国家医疗保障水平的重要内容，在我国则是医疗保障体系建设中的一块突出短板。从党的十六大到十八大的 10 年时间里，特别是 2009 年新医改启动后，作为民生保障制度的重要组成部分，我国的全民医疗保险体系逐步建立，从小到大，不断扩容，保障水平日益提高。截至2011年年底，城乡居民参加3项基本医保的人数已超过13亿人，覆盖率达到95%以上，其中城镇居民医保、新农合参保人数达到10.32亿人，人民群众看病就医有了基本保障。但是，由于基本医疗保障制度特别是城镇居民医保、新农合的保障水平还比较低，"低水平、广覆盖"的基本医保对"猛于虎"的大病支出仍显无力，患大病发生高额医疗费用后，个人负担仍比较重，因病致贫返贫的风险仍比较突出。为了切实解决人民群众因病致贫返贫这一突出问题，2012年，国家开始建立大病保险制度，在基本医疗保障的基础上，对大病患者发生的高额医疗费用给予进一步保障，提高大病医疗的保障水平和服务可及性。与此同时，建立和完善重特大疾病医疗救助制度，鼓励发展城乡居民大病医疗补充保险和商业重大疾病保险，使基本医保、大病保险、商业健康保险、医疗救助、疾病应急救助和社会慈善等相互衔接，最大程度为广大城乡居民提供大病医疗保障服务。

（一）城乡居民大病保险

　　城乡居民大病保险，简称"大病保险"，是为了解决城乡居民基本医保保障水平比较低、人民群众的大病医疗费用负担重而举办的，是在基本医疗保障基础上对大病患者发生的高额医疗费用给予进一步保障的制度性安排。大病保险的保障范围与城乡居民基本医保相衔接，是基本医疗保障制度的拓展和延伸，是对基本医疗保障的有益补充，可进一步放大保障效用。城乡居民基本医保按政策规定提供基本医疗保障，在此基础上，大病保险在参保人患大病发生高额医疗费用的情况下，进一步对基本医保补偿后需个人负担的合规医疗费用给予保障。

　　2012年8月24日，国家发展改革委、卫生部、财政部、人力资源和社会保障部、民政部、中国保监会6部委联合印发《关于开展城乡居民大病保险工作的指导意见》，从制度上对大病保险进行了总体设计。在筹资来源上，规定从城镇居民医保基金、新农合基金中划出一定比例或额度作为大病保险资金。城镇居民医保和新农合基金有结余的地区，利用结余筹集大病保险资金；结余不足或没有结余的地区，在城镇居民医保、新农合年度提高筹资时统筹解决资金来源，逐步完善城镇居民医保、新农合多渠道筹资机制。在统筹层次和范围上，规定可以市（地）级统筹，也可以探索全省（自治区、直辖市）统一政策、统一组织实施。有条件的地方，可以探索建立覆盖职工、城镇居民、农村居民的统一的大病保险制度。在保障对象和保障范围上，规定保障对象为城镇居民医保、新农合的参保（合）人，保障范围与城镇居民医保、新农合相衔接，主要在参保（合）人患大病发生高额医疗费用的情况下，对城镇居民医保、新农合补偿后需个人负担的合规医疗费用给予保障。各地也可以从个人负担较重的疾病病种起步开展大病保险。在保障水平上，规定合理确定大病保险补偿政策，实际支付比例不低于50%。按医疗费用高低分段制定支付比例，原则上医疗费用越高则支付比例越高。随着筹资、管理和保障水平的不断提高，逐步提高大病报销比例。在承办方式上，规定地方政府的卫生、人力资源和社会保障、财政、发展改革部门制定大病保险的筹资与报销范围、最低补偿比例，以及就医、结算管理等基本政策要求，并通过政府招标选定承办大病保险的商业保险机构。符合基本准入条件的商业保险机构自愿参加投标，中标后以保险合同形式承办大病保险，承担经营风险，自负盈亏。

2009年，广东湛江率先创造性地从基本医保基金中拿出一小部分购买商业保险，开始探索大病保险制度。2012年，6部委《关于开展城乡居民大病保险工作的指导意见》印发后，城乡居民大病保险开始在全国范围内试点。2014年，国务院医改办发布通知，要求各省区市全面启动或扩大城乡居民大病保险试点工作。大病保险试点推动了医保、医疗、医药的联动改革，促进了政府主导与发挥市场机制作用的有机结合，提高了基本医疗保障的管理水平和运行效率。2015年7月22日，国务院召开常务会议，决定全面实施城乡居民大病保险，到年底前使大病保险覆盖所有城乡居民基本医保参保人，到2017年建立比较完善的大病保险制度，有效防止发生家庭灾难性医疗支出。2015 年 7 月 28 日，国务院办公厅印发《关于全面实施城乡居民大病保险的意见》，对加快推进大病保险制度建设作出全面部署。

大病保险制度是我国医疗保险体制的重大创新，对缓解和防止因病致贫、因病返贫作用巨大。由于大病保险赔付的对象往往是那些深陷重病的中低收入者及贫困人口，因此，大病保险具有非常强的精准扶贫效果。同时，通过发挥商业保险机构的专业优势，进行病前、病中和病后全方面的风险控制，不断提高大病保障水平和服务可及性，可以进一步降低人民群众因病致贫、因病返贫的发生率，稳固和扩大脱贫攻坚的效果。

大病保险"新余模式"

江西省新余市通过政府购买服务的方式，由保险公司发挥第三方专业优势承办大病保险业务，并成功创造了全程医疗风险监控工作经验，实现政府、患者、医院和保险公司四方共赢的局面，成为可复制的"新余模式"。

自 2011 年开始，新余市本级城镇职工大病保险业务及全市城镇居民大病、新农合大病保险业务，均由人保健康江西分公司经办。为给政府提供更好的经办服务，人保健康新余中心支公司组建了一支能够满足医疗保险工作需要、既懂医学又懂政策的专业人才队伍，分别在医保经办部门设置联合办公窗口，在医院设立医疗审核巡查窗口，为患者提供政策咨询、入出院审核、赔案受理等一站式服务。

"新余模式"的核心是全程医疗风险监控，即引入商业保险机构作为第三方，开展基本医保和大病保险的一体化运行管理，对患者从入院到出院的全过程进行医疗风险监督。在实现保险公司、医保局、医院的信息互联共享后，可以实时查询医生的电子处方和医嘱，也可以查询全市范围内的医疗报销情况，并可对医疗费用消费情况进行预警提示。

过度医疗现象在我国一直比较严重。通过第三方商业保险机构实现医院、医保的信息共享，并对重点环节实施监控后，过度医疗的顽疾在很大程度上得以控制。经过近5年的努力，医院逐渐意识到商业保险公司的全程医疗风险监控能及时发现不合理的医疗行为，有效防范医疗风险，从而保护医生和医院。目前，除新余市人民医院外，新余市中医院、新钢医院、长林医院等均与人保健康新余中心支公司、新余市医保局共建了全程医疗风险监控服务窗口。统计数据显示，2012年至2014年，新余市医院药品收入占比平均每年下降5.68%，有效改善了"以药养医"的现象。

（二）疾病应急救助制度和大病医疗补充保险

为帮助因"急、重、危、伤、病"需要急救，但身份不明确或无力支付相应费用的患者解决医疗费用问题，我国于2013年建立了疾病应急救助制度，通过财政投入和社会捐助等多渠道筹集疾病应急救助基金，对紧急救治发生的费用进行补助。疾病应急救助制度是解决贫困人口医疗问题的重要制度。新农合、城镇职工医疗保险和城镇居民医疗保险构建了基本医疗保障制度，大病保险是对基本医疗保障制度的一种补充，医疗救助制度则是在上述保险制度都补偿完之后，对于生活特别困难而又需要医疗救助的贫困人口再进行补助，托起社会安全网的网底。国家卫计委发布的数据显示，截至2014年12月，全国各地医疗机构共救助患者32.9万人。

2015年7月22日，国务院召开常务会议，明确指出，大病保险与医疗救助等紧密衔接，对经大病保险支付后自付费用仍有困难的患者，由医疗救助、慈善救助等给予帮助，共同发挥托底保障功能，有效防止发生家庭灾难性医疗支出，防范冲击社会道德底线的事情出现，显著提升城乡居民医疗保障的公平性。多重医疗保障制度的建立，有利于减轻广大人民群众的大病医疗负担，遏制因病致贫、因病返贫的现象发生。据统计，2015年通过疾病应急救助制度共申请支付金额11.28亿元，救助患者14万余人，全国绝大多数省份设立了配套资金，疾病应急救助制度全面建立。

　　开展疾病应急救助需要建立多方联动的工作机制，通常包括卫生部门、基本医保管理部门、民政部门、公安机关、医疗机构和基金管理机构等，商业保险机构并未参与其中。但值得注意的是，在大病保险、医疗救助制度之外，一些地区进一步建立了城乡居民大病医疗补充保险制度。大病补充医疗保险是在城乡居民基本医疗和大病保险的基础上，由政府主导、商业保险公司承办的一种补充性城乡居民大病医疗保险，对大病医疗费用进行再次报销，进一步提高了贫困人口医疗费用实际报销的比例，是对基本医疗保险、大病保险和疾病应急救助制度的有益补充。

案例　　　　四川泸州启动城乡居民大病补充医疗保险工作

　　　　2015 年 10 月，四川省泸州市下发《泸州市开展城乡居民大病补充医疗保险和小额人身意外保险工作实施细则》，启动城乡居民大病补充医疗保险工作，进一步减轻城乡居民大病医疗费用负担。

　　　　根据泸州发布的实施细则，城乡居民大病补充医疗保险的参保对象为参加基本医疗及大病保险的城乡居民，以户为单位整户参保，收费标准为每人每年10 元。参保人员在保险期限内住院产生的医疗费用，在扣除基本医疗、大病保险报销后个人负担部分（与大病保险合规报销费用相同）金额超过 2000 元以上的，保险公司受理并按以下标准给付大病补充医疗保险金：2000—5000 元（含）的给付比例 5%；5001—10000 元（含）的给付比例 8%；10001—20000元（含）的给付比例 12%；20001—50000 元（含）的给付比例 15%；50000元以上的给付比例 20%，最高给付保险金额为每人每年 20000 元。

（三）商业重大疾病保险

　　重大疾病保险属于商业健康保险的一种。产品类型有多种，从产品期限划分，可分为定期产品（一般保障至 65 岁或 70 岁或 88 岁）和终身产品；从给付形态划分，可分为独立型、附加给付型和提前给付型。重大疾病保险的根本目的是为病情严重、花费巨大的疾病治疗提供经济支持，解决患者面临的经济困境。

现代意义上的重大疾病保险诞生于 1983 年的南非。1985 年和 1987 年，英国和澳大利亚分别推出重大疾病保险；此后，美国、新加坡、马来西亚等国相继跟进。在 30 多年的发展过程中，重大疾病保险不断创新，已成为各国医疗保障体系的重要组成部分。从各国发展来看，重大疾病保险产品最初推出时一般保障 3—7 种疾病，目前则都已扩展至 20 种以上。1995 年，重大疾病保险被引入中国市场，但当时只是作为人寿保险的附加险。1996 年，我国推出保障重大疾病的主险产品。经过 20 多年的发展，重大疾病保险目前已成为我国人身险市场上最重要的保障型产品。

我国基本医疗保险实行"广覆盖、保基本"的原则，虽然普遍实施了大病保险制度，进一步缓解了患者的经济压力，但仍只能报销医疗费用的一部分，而不能完全解决因病致贫返贫的问题。在基本医疗、大病保险的基础之上，通过适当购买商业性重大疾病保险，利用商业保险金支付城乡大病保险不能报销的部分，可以进一步缓解因病致贫返贫，助推精准扶贫。商业性重大疾病保险的推广和普及，进一步提高了特困群众抵御大病风险的能力，能够有效防止特困人群在罹患重大疾病后因无力承担个人自负费用致使贫困程度加深的情况发生，有助于实现救急救紧、精准扶贫的目的。

 甘肃瓜州推出精准扶贫特困人群意外伤害附加重大疾病保险

甘肃省瓜州县是全省 17 个插花型贫困县之一，有 6 个移民乡、8.2 万移民群众，脱贫攻坚任务艰巨。精准扶贫工作开展以来，瓜州县把脱贫攻坚作为最大的政治任务，从扶贫机制创建、产业结构调整、富民产业培育、

帮扶工作人员组织配备等多个方面入手，集中有限资源，最大限度激发全社会精准扶贫、精准脱贫的动力，有效实现由"大水漫灌"式扶贫向"精确滴灌"式扶贫转变。

为了切实减轻贫困户的后顾之忧，防止因病致贫返贫现象发生，2016 年 6 月 8 日，瓜州县政府决定采取"政府出资 + 专项扶贫 + 保险公司让利 + 贫困户参与"模式，与中国人寿瓜州支公司合作，不区分年龄大小，为全县建档立卡贫困户中的 1937 户，7335 名全县建档立卡贫困户中的一、二类低保户特困人群，量身推出"精准扶贫特困人群意外伤害附加重大疾病保险"。该保险的保费为每人每年 200 元，全部由财政出资，被保险人在因遭受意外伤害以致身故、残疾及罹患 50 种重大疾病时，每人最高可获得 2 万元的赔付。通过这种保险，提高了特困群众抵御风险的能力，防止特困人群在罹患重大疾病或者发生意外伤害事故后，因无力承担个人自负费用的困难致使贫困程度加深，将贫困群众的健康"保起来"，达到了救急救紧、精准扶贫的目的。

三、民生保险扶贫

民生问题，简单地说，就是与百姓生活密切相关的问题，主要表现在吃、穿、住、行、养老、就医、教育等生活必需事项上。民生问题也是人民群众最关心、最直接、最现实的利益问题。买房难、看病难、上学难……这些事关百姓的民生问题年年都是热点。关注民生、重视民生、保障民生、改善民生，成为各级政府优先考虑的重点工作之一。

解决好各种民生问题，让更多人得到更好的住房保障、更好的医疗服务、更好的教育，既需要政府真金白银的投入，也需要注重相关制度设计，动员包括保险业在内更多的社会力量参与到解决民生问题的宏大事业中来。近年来，保险服务已延伸至国家经济发展和居民日常生活的各个领域，在服务经济转型发展、推进城镇化进程、编织民生保障网等方面发挥了不可替代的作用。民生问题是实现精准扶贫、精准脱贫需要着重解决的问题，也是保险业助推脱贫攻坚的主要着力点之一。所谓民生保险扶贫，就是要抓住与数千万贫困民众利益攸关的重大民生问题，抓住脱贫致富仍存在的痛点和盲区，在服务扶贫开发和资源投入上向广大贫困人口倾斜，特别是要针对贫困地区的留守儿童、留守妇女、留守老人、失独老人、残疾人等特殊人群，适时推出有针对性的保险保障服务，帮助这些特殊群体解决后顾之忧。

（一）扶贫小额人身保险

扶贫小额人身保险是面向贫困人群的特定人身保险产品的总称，充分考虑了贫困人群的风险特征、保障需求、支付能力、保单理解能力等因素，具有保费低廉、保障适度、保单通俗、核保理赔简单等特点，保障范围涵盖各种因意外而发生的风险事故，包括交通意外伤害、从事农业生产或其他经济活动发生的意外伤害。扶贫小额人身保险具有明显的扶贫指向性，贫困地区的农民一旦遭遇意外，能够获得数十倍于保费的保险赔付，并及时得到补偿资金用于生活自救和再生产，因而是一种有效的金融扶贫手段。扶贫小额人身保险可以有效填补新农合及大病保险保障的不足，进一步提升贫困人群抗风险的能力，较好解决农民因意外事故而返贫致贫问题，被形象地称为"新农小"。在社保体系尚不健全的农村贫困地区，扶贫小额人身保险是满足农村贫困人口基本保障、激活农村金融链条的有效方式。

扶贫小额人身保险是重要的扶贫政策工具。2008年6月，中国保监会印发《关于〈农村小额人身保险试点方案〉的通知》，标志着我国农村小额人身保险试点正式启动。2014年8月印发的《国务院关于加快发展现代保险服务业的若干意见》强调，大力发展农村小额人身保险等普惠保险业务。2016年3月，中国人民银行等7部门联合印发《关于金融助推脱贫攻坚的实施意见》，明确提出，鼓励保险机构建立健全针对贫困农户的保险保障体系，全面推进贫困地区人身和财产安全保险业务，缓解贫困群众因病致贫、因灾返贫问题。在国家政策的大力扶持下，近年来，一些地区积极发展农村小额人身保险，并将其纳入脱贫攻坚"工具箱"。

案例　　中国人寿积极发展扶贫小额保险

农村小额人身保险是小额金融的重要组成部分，是一项关注民生的"惠农工程"。该项业务的全面开展将为农村低收入人群提供普惠性的保险服务，帮助贫困群体摆脱因病因灾致贫返贫的恶性循环，暂缓或防止因意外事故致贫返贫。

作为国有控股大型金融保险企业，近年来，中国人寿积极响应中央服务"三农"的号召，推进人身保险行业服务最广大人民群众的普惠性目标，积极开展小额人身保险工作，不断深化小额保险创新实践，扩大小额保险覆盖面，缓解意外事故和疾病等风险对低收入家庭造成的冲击。2014 年，小额保险承保人数达到 8450.4 万人，同比增长 39.03%；2015 年，小额保险承保人数达到 8967.7 万人，同比增长 7.8%。

在扶贫小额保险方面，自 2011 年中国人寿与中国扶贫发展中心（原国务院扶贫办外资中心）在四川启动扶贫小额保险试点以来，陆续推广至河南、宁夏、重庆、贵州等省区市，以"低保费、小保额"的模式走出了一条金融扶贫、保险护航的新路。截至 2014 年 10 月底，扶贫小额保险共为 73.5 万贫困农户提供了 240.44 亿元的保险保障。2014 年 12 月 25 日，中国人寿与国务院扶贫办签署《扶贫小额保险合作协议》。该协议签署后，国务院扶贫办和中国人寿积极创新金融扶贫工作机制，重点关注 14 个连片特困地区及片区以外的国家扶贫开发工作重点县，重点支持扶贫产业创新工作，重点提升建档立卡贫困户的风险保障水平。国务院扶贫办积极发挥政策引导和组织协调优势，推进扶贫小额保险合作。中国人寿则充分发挥资金、技术和网点优势，并考虑贫困农户的经济承受能力和扶贫的因素，在费率方面给予更多优惠，为贫困地区提供全方位、多层次、保本微利的保险服务。

（二）农村住房保险

农村住房保险，即政策性农村住房保险，是由政府组织推动、农户自愿参保、财政资金补助、保险公司经营，以农民居住用房为保险对象，按照保险合同约定对倒塌房屋损失予以赔偿的保险制度。农村住房保险是一项重要的民生工程、惠民工程，旨在充分发挥保险机制在减灾救灾工作中的作用，通过政府购买商业保险的模式，提高广大参保农户抵御灾害、事故的能力，帮助农村受灾居民灾后重建住房。探索推进农村住房保险工作，是贯彻落实中央关于保障和改善民生决策部署的重要举措，是市场经济条件下服务"三农"的重要手段，也是加强农村减灾救灾能力建设、推进扶贫开发工作的重要内容。

2006 年前后，民政部、财政部等相关部门先后在福建、浙江、湖北、湖南、云南等省部分县市启动农房保险试点，运行模式采用政府投保、保险公司负责经营、被保险农户不缴或少缴保费的方式，涵盖的灾种包括火灾、台风、暴雨、洪水、泥石流等绝大部分自然灾害和意外事故。2012 年 12 月 24 日，民政部、财政部和中国保监会联合印发《进一步探索推进农村住房保险工作的通知》，要求各地坚持政府引导、市场运作、自主自愿、协同推进的原则，进一步探索推进农房保险工作。根据该通知，农房保险的保险责任主要包括洪涝、台风、风雹、雪、山体滑坡、泥石流等自然灾害以及火灾、爆炸等意外事故，保险公司可在条件允许和风险可控的基础上提供地震风险保障。而且，不仅农民住房可以投保，牲畜圈舍、农机具存放场所等也可以纳入承保范围。在保费缴纳方面，除财政补贴外，原则上鼓励和引导农户适当缴纳一定保险费。例如，青海农房保险试点的保险费由财政补贴和参保农户缴费两部分构成，财政补贴占总保费的 60%，农户缴费为总保费的 40%。低保户、优抚对象、五保户、贫困重度残疾农户的保险费享受政府全额补贴。在国家相关政策的鼓励支持下，近年来，各省区市纷纷开展相关试点，推进农村住房保险工作，有效帮助广大参保农户提高抵御自然灾害风险的能力，积极构建农村社会保障新体系。

安徽农房保险为贫困户撑起"保护伞"

近年来，因受台风、暴雨、泥石流等自然灾害影响，安徽省农村房屋倒塌、受损事件屡见不鲜。尤其是一些山区和库区，因特殊的地理环境和气候特征，往往灾情更为严重。

为增强农民抵御灾害能力，探索灾害风险分担机制，防止山区库区农民因灾返贫，自 2014 年开始，安徽省积极开展山区库区农村住房保险试点工作，并将其纳入全省 33 项民生工程，覆盖六安、安庆、池州、宣城、黄山等市 27 个山区库区县（市、区）。安徽省民政厅、财政厅、住房城乡建设厅和安徽保监局联合下发了《山区库区农村住房保险试点工作实施办法》。该项民生工程以提高农民灾后重建家园、恢复基本生产生活能力为目标，探索政府通过购买商业保险进行风险管理的新模式，有效帮助广大参保农户提高抵御自然灾害风险的能力，积极构建安徽全省农村社会保障新体系。山区库区农村住房保险的保费由省和县（区）财政按 4：6 比例分担，承保农户不用花一分钱。2014 年，对安徽全省 27 个山区库区县的 277 万户，涉及人口近 1000 万的农房进行了统保。2015 年，为让农房保险更好地发挥作用，提升农民灾后重建能力，将原来确定的 16 万元的保额提升到了 30 万元，此举开创了国内政策性农房保险的先河。

据统计，截至 2016 年 3 月底，安徽省山区库区农房保险参保农户已达280.16 万户，参保金额 4482.64 万元，发放因灾倒损住房理赔款 3043 万元，9000 余户农户直接受益。

（三）农村治安保险

治安保险，是由地方政府、综合治理部门和保险公司共同探索构建的基层治安防范和财产损失补偿相结合的综合性社会管理新机制。基本工作框架是：在地方党委、政府的统一领导下，由综合治理部门组织协调，以行政村（社区）和保险公司为主体，以一系列合作协议为基础，本着合法、自愿的原则，组织居民每户每年缴纳一定的费用，其中一部分用于加强基础治安管理，另一部分作为保险费向保险公司投保商业家庭财产保险，由保险公司按照保险合同承担家庭财产损失补偿责任，从而实现风险转移，形成"政府倡导、企业参与、市场运作、群防群治"的新型社会综合治理模式。治安保险作为一种市场化的风险管理机制，通过参与防灾、减灾以及灾后补偿，能够在保障经济平稳运行、维护正常生活生产秩序方面发挥重要作用。

在农村地区特别是贫困地区开展治安保险，对有效保护广大群众的人身和财产安全、推进农村社会治理创新有着特别重要的意义。这是因为，农村居民点数量多、分布广，警力不足，治安经费紧缺，治安防范任务常常难以应对。特别是，随着近年来青壮年劳力不断外出务工，由于农村留守人员少、老弱病残多，越来越多的"空心村"成为治安薄弱环节，侵财类案件等农村社会治安问题频频发生，广大农民迫切希望政府部门加大治安力度，并采取保障措施，减少他们的财产损失。在这种背景下，通过农村治安保险，将保险机制纳入农村社会治安防范整体工作，形成适应社会要求的群防群治工作新机制，可以进一步织密社会治安防控网络，实现事先防范和事后弥补的有机结合，推进和加强农村社会治安综合治理。

 案例

山东率先开办治安保险

山东省是我国治安保险的发源地。早在 2003 年，聊城、临清的人保财险分支机构经过与当地政法委、综治办反复论证，决定率先试行开办治安保险。治安保险开办以来，较好解决了试点社区和村庄群防群治的经费问题，调动了当地群众参与社会治安综合治理和平安建设的积极性，群众的安全感得到很大提升，老百姓形象地称其为"一天一角钱，天天保平安"。在聊城、临清治安保险试行取得较好效果的基础上，自 2006 年开始，山东省政法委、综治办与山东保监局合作，将治安保险工作经验向全省范围推广。由此，具有山东特色的治安保险不断发展，覆盖范围也在日益扩大。2014 年，山东全省治安保险开办的县（市、区）已达 135 个，县区覆盖率 90.6%。截至 2015 年 5 月，治安保险参保村居户达到 771 万户，覆盖率 25.46%；共为 4.9 万余户出险居民提供了经济补偿，赔款金额逾 5350 万元。

作为一种政府主导、商业化运作的风险管理机制和社会综合治理手段，治安保险的兴起，不仅改善了社会综合治理环境，使百姓赢得了安宁、政府赢得了民心、保险公司赢得了市场，更重要的是开创了一种全新的思维模式，探索出一条运用社会手段和市场机制来解决民生问题的崭新道路，体现了高度的创新性和前瞻性，真正实现了共同参与、群防群治、合作共赢、多方满意，深受老百姓的称赞。山东将治安保险在全省推开引发了全国的广泛关注。中央综治委和中国保监会于 2006 年 4 月联合印发《关于保险业参与平安建设的意见》，将治安保险作为基层治安防范与家庭财产保险补偿有机结合的机制创新在全国推广。

（四）自然灾害公众责任保险

自然灾害公众责任保险，是在发生自然灾害导致居民（或暂住人口）伤亡后，由保险公司支付伤亡补偿金及医疗费用的一类责任保险。该类险种的投保人和被保险人是各市（县）政府或其指定的民政局、财政局或其他合法机构；保障对象是具有投保人所辖户籍以及具有暂住资格证明的居民；保障责任主要包括暴风、暴雨、崖崩、雷击、洪水、海啸、泥石流、突发性滑坡、冰雹等自然灾害造成的损失及居民在上述自然灾害中的抢险救灾行为；保费通常按照居民每人每年1—2元收取，纳入财政预算，由各级政府分摊；保险责任赔偿限额为每人6万—10万元，包括了死亡、伤残和医疗费用等项目。

我国是世界上自然灾害影响最为严重的国家之一。自然灾害的频繁发生严重影响了人民群众的生产生活，各级政府一直在积极探索自然灾害防范控制与救助的新措施。目前，我国一些地区通过政府投保自然灾害公众责任保险，使遭受自然灾害的群众及时获得经济救助，帮助受灾群众及时恢复生产生活，已成为发挥市场机制、促进政府改革转型、推动建立综合防灾减灾体系、提高灾后救助能力的新尝试。尤其是，我国不少贫困地区生存条件恶劣、生态环境脆弱、自然灾害频发，将自然灾害公众责任保险引入扶贫开发工作，对于保障贫困民众的切身利益、加快脱贫攻坚进程、促进社会和谐具有重要意义。

福建率先开展自然灾害公众责任险

福建省地处我国东南沿海，自然灾害较为严重，尤其是台风灾害和地质灾害都比较多。统计显示，从1949年到2010年，直接登陆福建的台风有103个，年均1.66个。特别是2005年以来，每年正面登陆都在2个以上。尤其是2005年的"泰利"和"龙王"，造成的财产损失和人身伤亡让人触目惊心。由于山多地少，用地条件差，削坡建房遍布全省山区，多年来长期的工程建设也形成了不少高陡边坡，加上台风暴雨多，降雨量大，从而诱发大量崩塌、滑坡、泥石流等地质灾害，使福建成为地质灾害最严重的省份之一，不少家庭因灾致贫返贫。

为了推动政府运用市场机制转移和管理风险，人保财险福建省分公司于2006年9月率先在龙岩市上杭县试点开办自然灾害公众责任险。根据合同，在保险期间内，居民由于暴风、暴雨、崖崩、雷击、洪水、龙卷风、台风、海啸、泥石流、突发性滑坡、冰雹灾害，以及在上述自然灾害中的抢险救灾行为导致的人身伤亡及其救助责任，保险公司将按约定进行赔偿。试点当年，上杭县承保人数 34 万人，保障额度 2.04 亿元。2007 年，自然灾害公众责任险在龙岩市全面铺开，共保障 173.5 万人，保障额度 10.4 亿元。此后，自然灾害公众责任险进一步在福建全省推广，各地均由政府财政出资，以县、市为单位向人保财险福建省分公司投保。2010 年，福建全省承保 7 个地市，覆盖 69 个县区、2528.6 万人。时年 6 月 18 日，南平、三明、龙岩、泉州、宁德等地遭遇特大暴雨袭击，引发山洪、泥石流、滑坡，共造成 298 人死亡。人保财险福建省分公司及时支付赔款 2980 万元，为受灾户渡过难关提供了有力的经济保障。2013 年，福建全省自然灾害公众责任险保障金额增加至 4421.8 亿元，保障人口 3139.3 万人，得到各级党委、政府和社会各界的一致赞誉，成为备受群众欢迎、认可的民生工程。

（五）巨灾保险

巨灾是指对一个区域内广大群众生命财产造成巨大损失、对区域经济社会产生严重影响的自然灾害事件，如地震灾害、洪水灾害、海啸灾害、飓风灾害等。巨灾的显著特点是发生频率低，但一旦发生，其影响范围之广、损失程度之大，一般超出人们的预期，甚至可能演变成灭顶之灾。巨灾保险是针对因发生地震、洪水、飓风、海啸等重大自然灾害而导致巨大财产损失和人员伤亡的保险，对抵御自然巨灾侵袭、推动灾后重建具有重要意义。贫困地区大都处于自然条件恶劣的边远地区或山区，发生巨灾风险的概率相对较高，在扶贫开发过程中，先行在贫困地区建立巨灾保险制度，对促进扶贫开发、脱贫攻坚能起到明显的助推作用。

自然巨灾波及面广、破坏性大，不仅影响人民群众生活稳定，也给社会经济可持续发展和金融体系稳定造成重大影响。目前，对巨灾风险的管理和灾后的救助补偿已成为各国政府一项必要的社会管理职责。在应对巨灾风险的实践中，各国政府纷纷建立起适合本国国情的、形式多样的巨灾保险制度，以充分发挥保险在灾后救助和恢复重建中的重要作用。然而，我国迄今仍主要依靠财政救济和民间捐助等形式来实现灾后救助补偿，尚未全面建立巨灾保险制度，以致保险在巨灾风险管理中的作用微乎其微。根据民政部的统计，2010—2014 年 5 年间，我国自然灾害导致的直接经济损失累计达21804 亿元，年均损失 4360.8 亿元，而其间保险补偿不足损失的 5%，与全球平均 1/3、部分国家甚至高达 60% 以上的保险补偿比例相比差距甚远，国家财政拨款救助和社会救助依然是灾后救助的大头。

鉴于自然巨灾发生后严重的救灾重建压力及国外成熟的巨灾保险经验，2008 年"5·12"四川汶川大地震后，国家开始高度重视巨灾保险制度建设。2013 年 11 月，党的十八届三中全会明确提出："完善保险补偿机制，建立巨灾保险制度"。此后，广东深圳、浙江宁波、云南大理等地陆续开展巨灾保险试点，尝试建立区域性巨灾保险制度。其中，广东深圳在 2014 年 6 月开始进行巨灾保险试点，保险责任包括暴风、暴雨、雷击、洪水、泥石流、滑坡等 15 种灾害；浙江宁波于 2014 年 7 月开始巨灾保险试点，保障责任包括台风、强热带风暴、龙卷风、暴雨、洪水和雷击等自然灾害及其引起的突发性滑坡、泥石流、水库溃坝、漏电和化工装置爆炸、泄漏等次生灾害；云南大理在 2015 年 8 月启动政策性农房地震保险试点，对发生 5 级（含）以上地震造成的农村房屋直接损失、恢复重建费用以及居民死亡救助提供保险保障。2016 年 3 月，国家"十三五"规划纲要发布，提出"加快建立巨灾保险制度"。5 月 11 日，中国保监会、财政部联合发布《建立城乡居民住宅地震巨灾保险制度实施方案》，提出"按照民生优先原则，选择地震灾害为主要灾因，以住宅这一城乡居民最重要的财产为保障对象，拟先行建立城乡居民住宅地震巨灾保险制度，在《地震巨灾保险条例》出台前开展实践探索"，这标志着我国巨灾保险制度建设又迈出关键一步。

云南大理启动地震巨灾保险试点

云南地处印度洋板块与欧亚板块碰撞带东南侧，是我国地震最多、震灾最重的省份之一。据云南省民政厅统计，1992—2014年23年间，云南共发生5级以上破坏性地震77次，震害波及15个州市（除怒江州外）、78个县，累计998乡镇（次），共计15.89万平方公里、1802.30万人次受灾，累计造成死亡1200人、重伤8188人、轻伤36859人、失踪112人，直接经济损失635.41亿元（民房直接经济损失368.29亿元），严重影响了经济社会可持续发展和人民群众生活。

2015年6月30日，云南省民政厅、财政厅、住建厅、地震局和云南保监局联合印发《云南省大理州政策性农房地震保险试点方案》。8月20日，大理州政策性农房地震保险试点正式启动，州政府与诚泰财险、人保财险、平安财险、大地财险、中华联合、中再财险6家公司签署战略合作协议和农房地震保险试点协议。试点方案重点围绕保障和改善民生，将地震灾害受损最严重的农房和生命作为重点保障对象，构建了以政府灾害救助为体系基础、政策性保险为基本保障、商业保险为有益补充的"三位一体"的地震巨灾保险体系。试点项目将大理州境内和周边发生的5级及以上地震列为主要保险责任，覆盖大理州所辖12个县（市）的82.43万农户和356.92万城乡居民，根据地震震级的不同，在保险保障年度内，农村房屋保险可获累计最高保险赔偿金4.2亿元，居民人身保险可获累计最高保险赔偿金8000万元。由于将试点列为民生项目，保费测算仅仅反映了风险成本，没有附加提取超额准备金，因而保费较低。试点期间，保费由省、州、县三级政府财政全额承担。

2015年10月30日，保山市昌宁县发生5.1级地震，造成大理州永平县民房倒塌1户，严重损坏326户，一般损坏626户，民房直接经济损失4480万元。地震发生后，保险机构迅速启动理赔程序，共赔付753.76万元，占到民房直接经济损失的16.83%，953户农户受益。

2016 年 5 月 18 日，大理州云龙县发生 5.0 级地震，造成民房直接经济损失 9539 万元。根据确认的灾害情况和现场查勘结果，保险机构在地震后 3 个工作日内将 2800 万元地震保险赔款一次性转入大理州民政局指定的赔款账户，有效支持了抗震救灾和灾后恢复重建。

四、增信融资扶贫

产业扶贫是提高贫困人口自我发展能力、实现脱贫致富的主要途径，是实施精准扶贫战略、打赢脱贫攻坚战的重要举措。当前，我国扶贫开发已经从以解决温饱为主转到巩固温饱成果、加快脱贫致富的新阶段，必须将产业扶贫置于优先实施的关键位置。实施产业扶贫的主要举措有：支持贫困村、贫困户因地制宜发展种养业和传统手工业，扶持建设贫困人口参与度高的特色农业基地，支持贫困地区发展农产品加工业，实施乡村旅游扶贫工程，加强贫困地区农民合作社和龙头企业培育等。但由于农村贫困地区自然条件差、经济基础薄弱、抗风险能力低，发展产业普遍存在融资难、融资贵问题，成为实施产业扶贫的第一"拦路虎"。解决贫困地区的融资难、融资贵是金融扶贫的核心目的所在，其中，保险因具有重要的增信功能和融资功能，已经成为解决贫困地区融资难、融资贵的重要力量。

增信融资扶贫，是指保险业通过信用增信和直接投资的方式参与贫困地区的产业扶贫开发和基础设施、民生工程建设，从而达到扶贫目的和效果的一种扶贫方式。其中，在信用增信方面，主要通过小额信贷保证保险和农业保险保单质押等增信产品，解决农户无资产、无抵押难题，增加农业生产的流动性，盘活存量资产；在直接投资方面，主要是发挥保险资金长期投资的独特优势，在风险可控、运作可持续的前提下，以债权、股权、资产管理计划等多种形式，积极参与贫困地区基础设施、重点产业和民生工程建设。

（一）扶贫小额贷款保证保险

贷款保证保险，是指保险人向债权人（银行或其他金融机构）保证从其获得贷款的债务人将确实履行还债义务，如果债务人不履行义务致使债权人遭受损失，由保险人向债权人负赔偿责任的一种保证保险。贷款保证保险的投保人为债务人，即保证人。扶贫小额贷款保证保险是专门针对贫困人群进行小额贷款而开发设计的一种贷款保证保险，目的是为无抵押、无担保的贫困农户或贫困地区的小微企业提供信用增信服务，是扶贫小额贷款业务中降低贷款门槛、管控贷款风险的一种有效举措。

开展扶贫小额贷款保证保险，通常采取保险、银行、政府三方合作模式，建立"保险＋银行＋政府"多方信贷风险分担补偿机制或政府风险补偿基金，即农户贷款风险由保险公司与银行共同承担，政府设立专项资金对银行与保险公司的损失进行补偿，贫困农户在购买扶贫小额贷款保证保险后无须任何抵押即可向银行贷款。开展扶贫小额贷款保证保险，可以简化贫困农户的贷款手续，节约信贷成本，促进贫困地区的资金融通。

近年来，国家高度重视发展扶贫小额贷款保证保险。2014 年 8 月，《国务院关于加快发展现代保险服务业的若干意见》提出，加快发展小微企业信用保险和贷款保证保险，增强小微企业融资能力。同年 11 月 19 日，国务院常务会议要求，推广小额贷款保证保险试点，发挥保单对贷款的增信作用，缓解企业融资成本高问题。12 月 10 日，国务院扶贫办、财政部、中国人民银行、中国银监会、中国保监会联合印发《关于创新发展扶贫小额信贷的指导意见》，提出支持推广扶贫小额信贷保险，鼓励贷款户积极购买，分散贷款风险。2015 年 11 月，《中共中央国务院关于打赢脱贫攻坚战的决定》要求，积极发展扶贫小额贷款保证保险，对贫困户保证保险保费予以补助。

四川在多地试点扶贫小额贷款保证保险

2014 年年底，四川省下发《关于创新开展扶贫小额信贷的实施意见》，鼓励开展扶贫小额贷款保证保险。进入 2016 年，扶贫小额贷款保证保险先后在乐山市沐川县、宜宾市兴文县、乐山市峨边县、资阳市雁江区试点，为贫困农户贷款提供保险保障，增强融资能力，助力农户脱贫致富。

在乐山市沐川县，扶贫小额贷款金融机构确定为县农村信用合作联社，承保机构确定为人保财险沐川支公司，年度保证保险费率为 2%，县级财政资金补贴保费的 50%，保证保险费率按年度结算，实行动态浮动调整，若赔付比例不超过缴纳保费的 20%，则下调保证保险费率，最低不低于 1%。风险补偿办法包括 3 种：一是因金融机构未按操作流程发放贷款造成的贷款损失由金融机构承担；二是出现风险补偿后，保险机构承担赔付 70%，风险补偿金承担 15%，银行承担 15%；三是保险机构年度累计赔付最高限额为年度扶贫小额贷款保证保险费总额的 150%，超出赔付限额部分，由县扶贫开发领导小组研究确定弥补方案，原则是不良贷款率超过 10% 时立即暂停该项业务办理，并先由银行、保险公司依法追偿，在法院确认无法执行、确定形成呆坏账的情况下，损失部分按约定比例托底承担。

扶贫小额贷款保证保险推出后受到贫困农户欢迎。沐川县推出后短短两个月就办理扶贫小额贷款保证保险 327 份，承担保险责任金额 1263 万元。截至 2016 年 10 月中旬，四川全省通过扶贫小额贷款保证保险已为贫困户提供 2670 万元的贷款风险保障，单笔支农贷款最高达 5.5 万元。

（二）扶贫小额贷款人身保险

小额贷款是我国目前积极倡导和推行的一种扶贫开发方式，但借款人在还贷过程中会有许多未知的人身风险，一旦遭遇不测将面临贷款如何偿还、家庭如何保持经济稳定等一系列问题，扶贫小额贷款人身保险就是针对这一问题而设计的。扶贫小额贷款人身保险主要包括扶贫小额贷款借款人意外伤害保险、扶贫小额贷款借款人定期人寿保险，通过由借款人购买扶贫小额贷款借款人意外伤害保险、扶贫小额贷款借款人定期人寿保险，将出借资金的金融机构作为第一受益人，当借款人因意外事故导致死亡或高度伤残时，由保险公司按照保险合同约定的保险金额给付死亡保险金或高度伤残保险金。若给付的保险金额高于金融机构贷款金额，则超出的部分归第二受益人（即借款人）所有。

　　扶贫小额贷款人身保险可以有效规避因借款人发生意外事故造成伤残、死亡导致无力偿还相关债务所带来的违约风险，大大减轻金融机构的损失金额与追偿压力，同时减轻借款人家属的偿债压力，因而有利于促进农村地区的资金融通。我国扶贫小额贷款人身保险几年前就已经出现。2011 年 5 月，中国人寿在前期开展农村小额保险试点的基础上，经与国务院扶贫办外资项目管理中心商定，在四川省旺苍县专门针对村级扶贫资金互助社成员，开发推出"国寿农村小额扶贫贷款借款人意外伤害保险"和"国寿农村小额扶贫贷款借款人定期寿险"。这是国内首款扶贫惠农小额贷款人身保险产品。这一产品的特色是将小额贷款人身保险与贫困村互助资金的使用相结合。资金互助社将国家下拨的扶贫资金与社员自愿缴纳的互助金作为本金向社员发放小额贷款，用于生产性用途。小额扶贫贷款借款人团体意外伤害保险将互助社作为第一受益人，当贷款人发生意外导致死亡、残疾时，保险公司代替贷款人将未偿贷款偿还给互助社。如果保险金额大于未偿贷款余额，再将剩余的部分赔偿给贷款人所指定的顺位受益人。由于互助社所允许的最高贷款金额是 5000 元至 1 万元，而该款保险保额为 3 万元，因此，这款产品同时体现了对互助社资金和对被保险人家属双方的保障作用。

宁夏盐池借保险增信拓宽扶贫融资通道

宁夏盐池县地处毛乌素沙漠边缘，是全自治区 9 个贫困县之一，也是国家扶贫开发工作重点县。此前，由于缺乏有效的征信体系，贫困户时常遭遇抵押担保难、贷款难问题。后来，县上争取资金，成立了村民互助资金社，协助银行建立农村征信体系，打破了贫困户贷款难的瓶颈。在互助资金社的基础上，盐池县进一步采取多项金融扶贫举措，其中包括推出借款人意外伤害保险、扶贫互助资金借款人保险等险种，借助保险增信作用撬动更多信贷资金投向贫困农户。

盐池县开展的金融扶贫是一套包括互助资金、千村信贷、资金捆绑、企业参与、评级授信、惠民小贷、融资担保和保险保障八个方面在内的"组合拳"，这八个方面的融合与创新共同塑造了"盐池模式"。2016 年年初，国务院常务会议提出对金融扶贫"盐池模式"给予表扬和政策激励。4 月，宁夏回族自治区党委、政府全面部署推广"盐池模式"经验，努力打造全国以省域为单位的金融扶贫实验区。截至 2016 年 8 月底，盐池县成立的互助资金社已达 97 个，资金总量达 1.5 亿元，累计发放借款 4.7 亿元，受益农户达 3.3 万户，其中贫困户 8060 户；小额扶贫贷款余额达 30.18 亿元，受益农户 2.8 万户，其中建档立卡贫困户户均贷款 6.9 万元，标准为全国最高。

在"盐池模式"中，借款人意外伤害保险、扶贫互助资金借款人保险通过分散和化解贫困农户的人身风险，为贫困农户建立"心理安全网"，释放合理贷款需求，成为"造血"式扶贫的重要推动力。据统计，包括盐池县在内，2015 年宁夏全区借款人意外伤害保险共承保 31.14 万人次，撬动扶贫信贷资金242.76 亿元，累计赔付 1963.47 万元；扶贫互助资金借款人保险则为包括盐池县群众在内的 11.1 万户、50 万人及其家属提供了意外身故、意外残疾、意外医疗等多重人身保障，在保人身安全的同时，也确保了 6.39 亿元互助资金安全、高效地发挥作用。

（三）农业保险保单质押贷款

贫困地区农户和企业融资不便的一个主要原因是缺乏有效担保和抵押物。农业收入通常为贫困地区广大农户的主要经济来源，农业生产中不可避免地会受到自然灾害、病虫害及其他保险事故的威胁，一旦发生重大灾害就会给农户造成严重经济损失。由于贫困地区的农户普遍收入水平低、抵御风险能力弱，所有资金多投入到了农业生产中，几乎没有富余资金，倘若遭遇灾害事故，必定导致还款困难。同时，在缺乏有效担保和抵押物的情况下，银行等金融机构一般也不会轻易放贷。

农业保险保单质押贷款，是指农业保险保单所有者以保单作为质押物，向合作经办机构取得短期贷款的一种融资方式。当贫困农户投保种植业、养殖业、林业等农业保险后，通过农业保险保单质押，在某种程度上可以为农户提供有效担保，当农户因灾害事故蒙受损失时，损失在保险金额范围内可以得到及时赔付。而将金融机构列为第一受益人，则可以最大限度地减少金融机构所面临的损失。农业保险保单质押贷款能够有效降低贫困农户的贷款门槛，化解担保和抵押物不足的问题，缓解贫困地区和贫困人群的融资难。

近年来，我国已有一些地区开始探索农业保险保单质押贷款，但总体看规模不大、数量不多。目前，探索发展农业保险保单质押贷款，已经得到党中央、国务院的认可和支持。2015 年 12 月 31 日，党中央、国务院在印发的《关于落实发展新理念加快农业现代化实现全面小康目标的若干意见》中明确提出，积极探索农业保险保单质押贷款和农户信用保证保险。这一文件的出台，给进一步推动发展农业保险保单质押贷款提供了政策支撑。

案例

安徽积极探索农业保险保单质押贷款

针对农业种养殖大户、龙头企业和农村合作经济组织等规模经营主体在农业生产中面临的贷款难问题，2012 年年初，安徽保监局首先选取蚌埠市作为试点，通过大力发展农业保险保单质押贷款，积极盘活农业保险保单资源，为农业规模经营主体贷款提供支持，建立农业保险与农业规模经营互促共进机制，更好地发挥保险服务"三农"作用。

蚌埠市开展农业保险保单质押贷款的方式有两种：一是开展保单质押直接贷款，农业规模经营主体以保险机构出具的政策性农业保险保单作为抵押物，直接向银行业金融机构申办专项贷款；二是开展保单质押担保贷款，农业规模经营主体以保险机构出具的政策性农业保险保单作为抵押物，经融资担保机构担保后，再由银行业金融机构向其发放贷款。

在试点过程中，注重明确经办机构与申办对象，加强风险防范，并出台一些专项配套政策，例如实施担保费率与贷款利率优惠、明确贷款办理时限与额度、完善财政支持与风险补偿政策等。经过一年多的试点运行，蚌埠市农业保险保单贷款发展取得初步成效：一是降低了农业贷款门槛。通过保险保单质押贷款，化解了农业规模经营主体缺乏信贷抵押物的困境。二是丰富了贷款方式。农业规模经营主体可以一次性贷款百万元甚至千万元以上，并且可以随生产季节在年内通过不同保单质押多次贷款，符合当前农业规模生产资金需求大、成本回收周期长的特点。三是简化了贷款环节。相对于通过担保公司渠道获得贷款，通过保单质押直接向银行贷款的环节更少、速度更快、成本更低，受到农业规模经营主体的高度认可和积极响应。四是促进了农业保险发展。融资成功后，农业规模经营主体对涉农保险的购买积极性和购买力明显提升，承保覆盖面迅速扩大，风险保障水平显著提高。

根据统计，在试点后的两年间，蚌埠市金融机构通过农业保险保单质押方式，累计向当地17户各类农业规模经营主体发放专项贷款26笔，贷款金额近7000万元。其中，和平乳业以奶牛保险保单质押向当地信用联社直接贷款1500万元，创安徽省养殖业保险保单质押贷款历史纪录。

（四）保险资金扶贫投资

　　长期以来，我国的扶贫工作主要是政府在履行责任，采取自上而下的单向度扶贫，主要靠财政投入。当前，脱贫攻坚对政策、资金、项目等各类扶贫资源的需求越来越大，而扶贫资源供给却严重不足，扶贫资金存在缺口是脱贫工作推进中最大的障碍。仅靠公共财政的资金，难以完全满足"十三五"时期脱贫目标的需求。面对财税收支的压力，扶贫工作需要不断创新，鼓励企业、社会组织有效参与扶贫。尤其是，在经济发展进入新常态后，受经济下行压力持续、政策性减收效应显现等影响，财政收入形势趋于严峻，财政收入高增长成为历史。2015 年，全国一般公共预算收入增速已放缓至 8.4%，2016 年 1—8 月进一步放缓至 6%，远低于 2011 年的 24.8%。未来，随着供给侧结构性改革的深入推进，政府财政收入增速可能进一步放缓。财政收入增速放缓，决定了未来政府扶贫资金投入总量必然会进一步受到财政收支的约束。尽管扶贫支出占财政总支出的比重将继续提升，但扶贫资金的投入总量将难以持续大幅度增加。在这种情况下，广开扶贫资金来源，就成了推动扶贫开发工作可持续运行的关键。

　　保险公司在保险业务经营过程中积累的巨额保险基金可用于投资，其中部分资金特别是寿险资金还适合长期投资。我国不少农村贫困地区拥有富饶的矿产资源、旅游资源、土地资源等，但金融资源严重不足。保险资金适当投向贫困地区有利于盘活当地的特色资源，发展特色产业，解决当地民众就业，促进贫困地区脱贫致富，同时也能实现保险资金的保值增值。2016 年 5 月，中国保监会与国务院扶贫办联合印发《关于做好保险业助推脱贫攻坚工作的意见》，鼓励各个保险公司的保险资金以债权、股权、资产支持计划等多种形式，积极参与贫困地区基础设施、重点产业和民生工程建设。特别是，为了将保险投资服务农村贫困地区的政策落到实处，中国保监会还设立了中国保险业产业扶贫投资基金，采取市场化运作方式，专项用于贫困地区资源开发、产业园区建设、新型城镇化发展等。与此同时，中国保监会还将设立中国保险业扶贫公益基金，实施保险业扶贫志愿者行动计划。

案例

中国人保助力开拓金融扶贫直接融资新渠道

中国人保正在试点探索保险资金支农支小新模式，助力开拓金融扶贫直接融资新渠道。试点初期，采取由中国人保提供放贷资金，引入合格的小贷公司和担保机构作为助贷机构，借助商业银行的支付结算系统，向"三农"与小微企业提供无担保、无抵押、低利率小额贷款的方式。目前已在10余个省市启动试点，惠及小微企业、个体工商户和农户超过2万户，贷款利率基本上低于当地市场平均水平2—3个百分点。

在河北阜平等地，中国人保加快推进新的"政融保"模式，通过"政府政策支持＋保险资金融资＋保险风险保障"，直接向集团农业保险客户提供融资支持，进一步降低资金成本，提升资金支持的精准性，更好地服务"三农"、小微企业等融资需求。

2014年，中国人保与广东省政府合作，发起设立全国首个金融央企与省级政府合资股权基金——广东（人保）粤东西北振兴发展股权基金，将省市两级政府信用和金融央企市场信用相结合，促进高等级的信用向下延伸增信，重点投向粤东西北13个经济欠发达地市的基础设施建设。基金与有关地级市按1∶1比例出资，按照10年左右的存续期，基金可滚动周转2次左右，省财政资金杠杆效应可放大30倍以上。

五、其他途径扶贫

《中共中央国务院关于打赢脱贫攻坚战的决定》确定的精准扶贫方略，包括发展特色产业脱贫，引导劳务输出脱贫，实施易地搬迁脱贫，结合生态保护脱贫，着力加强教育脱贫，开展医疗保险和医疗救助脱贫，实行农村最低生活保障制度兜底脱贫，探索资产收益扶贫，健全留守儿童、留守妇女、留守老人和残疾人关爱服务体系等多种途径和举措。保险业助推脱贫攻坚，就是要结合上述各种途径和举措，充分发挥自身的独特功能和优势，找到可以有效发力的各个切入点，为脱贫攻坚提供切实有效的保险保障服务。

在我国扶贫工作的实践中，精准扶贫的途径和举措可谓多种多样。前文已经阐述了农业保险扶贫、大病保险扶贫、民生保险扶贫、增信融资扶贫这四种保险业助推脱贫攻坚主要途径，但并未涵盖所有助推脱贫攻坚的途径和举措，保险业仍然可以在其他领域或以其他方式为脱贫攻坚提供助力。

（一）助推教育脱贫

"扶贫必扶智"，让贫困地区的孩子接受良好教育，是扶贫开发的重要任务，也是阻断贫困代际传递的重要举措。相对于经济扶贫、政策扶贫、项目扶贫等举措，"教育扶贫"直接指向贫穷落后的根源，牵住了贫困地区脱贫致富的"牛鼻子"。保险业积极参与教育扶贫，有助于推进教育扶贫工程的顺利实施，让贫困家庭子女都能接受公平、有质量的教育，有效阻断贫困代际传递。

保险业助推教育脱贫主要有三项举措：一是开展针对贫困家庭大中学生的助学贷款保证保险，解决经济困难家庭学生就学困难问题；二是开展捐资助学公益活动，为贫困地区改善教育办学条件提供帮助；三是对接集中连片特困地区的职业院校和技工学校，面向贫困家庭子女开展保险职业教育、销售技能培训和定向招聘，实现靠技能脱贫。

近年来，保险业主动融入教育扶贫行动，积极运用保险机制和优势条件，促进贫困地区教育水平的逐步提升。首先，积极开展国家助学贷款信用保险，转移和承接贷款违约风险，有效实现了国家助学贷款运作机制的"两降一提"，即降低成本、降低风险、提高效率，扭转了银行"有钱不敢贷"局面，实现了"学生好借，银行敢贷"，保障了国家助学贷款政策的落地。其次，采取捐赠、捐建等一系列推动贫困地区教育发展的举措，切实改善贫困地区的办学条件，帮扶贫困学生顺利完成学业。最后，开展校（园）方责任保险和校（园）方无过失责任保险，为学校的正常运营和全校师生提供校园风险保障。

宁夏推行校方无过失责任保险

2015 年 6 月，宁夏在地处六盘山区的国家级贫困县泾源县试点校（园）方无过失责任保险，全县 81 所公立学校和幼儿园全部纳入试点范围，私立学校和幼儿园可自愿投保。投保方式是校（园）方责任保险投保人附加投保校（园）方无过失责任保险。校（园）方无过失责任保险，是指在学校内或由学校统一组织安排的活动中，因自然灾害、学生自身原因、学生体质差异、校内外的突发性侵害导致在校学生发生人身伤亡，学校已经履行相应职责，行为并无不当，但依法仍需对伤亡学生承担经济补偿责任时，由承保保险公司按合同约定负责的保险赔偿。

2016 年 6 月，宁夏回族自治区教育厅、财政厅和宁夏保监局联合印发《关于推行附加校方无过失责任保险工作的通知》，决定在全自治区各级各类学校推行校（园）方无过失责任保险，扩大保障范围，维护校园和谐稳定，促进青少年健康成长。自 2016—2017 学年起，投保校（园）方责任保险和校（园）方无过失责任保险费用标准为每生每年累计 10 元［其中，校（园）方责任保险每生每年 8 元；校（园）方无过失责任保险每生每年 2 元］。校（园）方无过失责任保险每生每年累计赔偿限额 12 万元，每生每次事故医疗费用赔偿限额 2 万元。每所学校每次事故赔偿限额 50 万元，每所学校每年累计赔偿限额 100 万元。保险期限与校（园）方责任保险同步，由每年开学日即每年 9 月 1 日至次年 8 月 31 日。

投保校（园）方责任保险和校（园）方无过失责任保险所需费用，公办学校从学校公用经费中支出；民办学校由学校举办者承担，列入教育成本。各级各类学校均不得以任何理由、任何形式，向学生收取校（园）方责任保险和校（园）方无过失责任保险投保费用。

（二）实施土地流转保险扶贫

农村土地流转丰富了农民获取收益的渠道，优化了农村土地配置，但由于受土地经营权承租方经营能力和风险防范能力限制，易发生承租方遭受损失而无力支付土地租金等违约情况，导致土地经营权流出方利益受到损害。例如四川省邛崃市自 2005 年金色大地公司出现首例大规模土地流转单方违约，直至 2014 年年底川之味拖欠土地租金事件以来，共发生较大规模的拖欠土地租金事件 9 宗，涉及土地面积约 1.7 万亩，给土地流转群众造成很大损失。近年来，随着投向农业的社会资金不断增加，我国农村土地流转比例也越来越高，但土地流转协议非正常性中止的情况常有发生，成为各地土地流转无法回避的问题。农村土地流转履约保证保险是由保险公司为农户、农民合作社等土地经营权流转当中的流出人（即被保险人）提供保险保障，如果土地经营权承租方不按照合同约定履行支付租金的义务，则由保险公司承担租金赔偿责任。农村土地流转履约保证保险实现了土地规模经营流转风险可控，填补了农业保险品种在土地流转领域的空白，大大降低了土地流转的失约风险，能够确保贫困农户的土地流转收益，达到了土地资源高效配置、农业效益有效提升、农民收入持续增加的效果。

四川邛崃创新农村土地流转风险防范机制

四川省邛崃市是典型的农业大县，全市农村土地确权面积 65.5 万亩，20 亩以上规模流转面积超过 20 万亩。由于现行政策、法律对土地流转缺乏强有力的约束机制，双方违约代价偏低，使得风险居高不下。

近年来，邛崃市不断深化农村改革，在防范土地流转风险方面进行了积极探索与尝试。2014 年，率先在辖内水口镇钟山社区试点引入民营企业以非融资性担保，为农户和业主的履约行为进行风险担保。在此基础之上，2015 年出台《农村土地流转风险防范机制实施意见》，引入土地流转履约保证保险，探索以市场化方式破解农村土地流转金融风险，进一步优化土地流转风险防控机制，切实稳定了农村土地流转关系，保障了土地流转农民的切身利益。当年12月4日，辖内冉义镇举行农村土地流转履约保证保险签约仪式，100余名业主代表和合作社代表与保险公司签署了土地流转履约保证保险保单，这是全国首单农村土地流转履约保证保险合同。

邛崃市土地流转履约保证保险的保费按土地流转交易额的3%收取，采取"农民、业主共担"、财政"以奖代补"的方式，其中农民承担20%、业主承担80%，财政将对自愿参加履约保证保险的行为采取以奖代补方式分摊50%的保费。以一亩地的流转租金1000元计算，需要保费30元，财政补贴一半后，业主负担12元，农户承担3元。

在邛崃市试点的基础上，为进一步创新农村土地流转风险防范机制，深化农村产权制度改革，四川省保险业在2016年进一步推动开展农村土地经营权流转履约保证保险试点。一是持续扩大覆盖面，新增都江堰市、宜宾市筠连县等试点地区；二是制定保险方案，明确选择信用良好、生产稳定、有持续经营能力和租金支付能力、规模流转标的在一定规模以上的农业企业和其他经营主体为试点对象，保费按照保险金额的3%--3.5%收取，由农户和农民合作社等土地经营权流出人、土地经营权承租方共同承担；三是强化政策扶持，根据各地实际，由财政按总保费的50%--70%给予保费补贴，充分调动和激发流转双方主动参与履约保证保险的积极性。

（三）开展定点扶贫

定点扶贫是中国特色扶贫开发事业的重要组成部分，是我国帮扶脱贫的重要传统和政治优势、制度优势的重要体现，在社会扶贫中一直发挥着示范引领作用。近几年，随着脱贫攻坚战逐步向纵深推进，党中央、国务院对定点扶贫工作愈加重视。2012年11月8日，国务院扶贫办、中组部等8部委印发《关于做好新一轮中央、国家机关和有关单位定点扶贫工作的通知》，要求中央、国家机关和有关单位积极响应，迅速行动，主动参与新一轮定点扶贫工作，充分体现出高度的政治责任感，并公布了 310 家中央、国家机关和有关单位定点扶贫结对关系名单。2015 年 8 月 21 日，国务院扶贫办、中组部等 9 部委印发《关于进一步完善定点扶贫工作的通知》，对参与定点扶贫的中央和国家机关等单位的定点扶贫结对关系进行了局部调整，并新增 22 个单位参加定点扶贫，要求各地区特别是有扶贫任务的省（自治区、直辖市）和新疆生产建设兵团做好地方党政机关和有关方面的定点扶贫工作。

在党中央、国务院的坚强领导下，近年来，全国各有关单位围绕定点扶贫做了不少工作，取得了积极成效，发挥了重要作用。截至目前，全国共选派驻村工作队 12.8 万个、第一书记和驻村干部 48 万多人，基本实现了每个贫困村都有驻村工作队、每个贫困户都有帮扶责任人的目标。

在定点扶贫工作中，保险业是一支重要力量。保险业既有中国保监会这样的国务院直属事业单位，也有中国人民保险集团、中国人寿保险集团、中国太平保险集团、中国出口信用保险公司 4 家中管国有保险企业。在开展保险扶贫过程中，按照中央的统一部署和要求，通过不断强化帮扶责任，加大资金投入、智力支持、技术服务以及信息与政策指导，做好定点扶贫工作，是保险业助推脱贫攻坚的一个重要途径。

第三章

保险业助推脱贫攻坚的工作进展

近年来，保险业积极履行社会责任，服务经济社会大局，充分发挥保险机制的功能作用，大力发展农业保险、大病保险、民生保险，创新支农融资方式，在助推脱贫攻坚方面做了许多工作，取得了一定经验和成效，涌现出一批可复制、可推广的经验典型。汪洋副总理多次就保险扶贫作出重要批示，肯定保险助推脱贫攻坚"成绩可喜，潜力仍大"，指出要"瞄准建档立卡贫困人口，发挥保险作用，仍然大有作为"，要求"与建档立卡人口进一步精准对接。使保险的大数法则更精准地让'穷人'受益，更好地体现精准扶贫的要求"。保险业助推脱贫攻坚的生动实践，体现了全行业上下支持脱贫攻坚、全面建成小康社会的大局意识，展现了在这场举全党全社会之力开展的脱贫攻坚战中应有的责任和担当。

一、加强组织领导和顶层设计

保险业助推脱贫攻坚是一项复杂的系统工程，需要把思想统一到中央的决策部署上来，真刀真枪抓落实，务求取得实际成效。为此，中国保监会高度重视，加强组织领导和顶层设计，积极动员全行业力量，认真贯彻落实党中央、国务院关于打赢脱贫攻坚战各项部署，充分发挥保险机制的功能作用，使保险机制成为脱贫攻坚的政策利器和有力工具。

（一）成立保险业助推脱贫攻坚工作领导小组

2015 年 11 月 27 日至 28 日，中央召开扶贫开发工作会议。习近平总书记在会议上强调，消除贫困、改善民生、逐步实现共同富裕，是社会主义的本质要求，是我们党的重要使命。全面建成小康社会，是我们对全国人民的庄严承诺。脱贫攻坚战的冲锋号已经吹响。我们要立下愚公移山志，咬定目标，苦干实干，坚决打赢脱贫攻坚战，确保到 2020 年所有贫困地区和贫困人口一道迈入全面小康社会。

中央扶贫开发工作会议后，中国保监会迅速组织召开保险服务扶贫开发工作领导小组第一次会议，深入学习领会中央扶贫开发工作会议精神，研究部署保险业多路径服务支持中央扶贫开发战略相关措施。会议要求，保险业要按照中央要求和中国保监会党委部署，充分认识扶贫开发工作的重要意义，切实把思想和行动统一到中央的决策部署上来。一是要深刻领会中央扶贫开发工作的精神内涵，在"精准"上下功夫。要努力做到思想跟上来、观念转过来、工作顶上来，以"精准"的措施推进保险服务扶贫开发工作。二是要全面落实中央扶贫开发赋予保险业的工作任务，在"精准"上做文章。要集中行业资源和力量，努力提高贫困地区农业保险覆盖面和保障程度，力争实现大病保险全覆盖。三是要准确把握中央扶贫开发工作的具体要求，在"精准"上见成效。要充分发挥保险的独特优势，放大保险资金的使用效应，提高扶贫资源的科学性和精准性，进一步拓宽金融扶贫的有效领域，在促进贫困地区经济社会发展和贫困人口脱贫致富方面发挥积极作用。会议强调，保险服务扶贫开发工作要结合行业实际，突出重点，取得实效。一是要通过积极发展"三农"保险，不断提升支农惠农力度和水平。二是要着力解决因病致贫、因病返贫问题，强化基本医保、大病医保、医疗救助、疾病应急救助、商业健康保险及慈善救助等制度间的互补联动。三是要建立专业队伍，提高管理服务效率，为参保人提供更加高效便捷的服务。会议对保险业深入贯彻中央扶贫开发工作会议精神提出了具体要求：一是要加强组织领导，确保中央精神在保险业得到不折不扣的贯彻落实。二是要加大资源投入，探索保险服务扶贫开发的新途径、新方式。三是要明确主体责任，切实抓好保险行业扶贫点的脱贫攻坚工作。

为了切实贯彻落实党中央、国务院关于脱贫攻坚的要求和精神，发挥保险体制机制优势，创设支持政策，推动工作落实，中国保监会成立由副主席陈文辉带队的调研组，从2016年4月开始，会同国务院扶贫办赴多省区开展密集调研，探讨总结各地的好经验、好做法，大力推动保险服务脱贫攻坚工作。其中，4月7日至8日，赴河北调研，考察了阜平县的保险扶贫工作；5月4日至7日，赴云南调研，深入贫困程度最深、贫困人口最多的昭通地区，了解保险服务当地经济社会发展和支持地震灾后重建情况；5月11日至13日，赴广西调研，到红色革命老区百色市，详细考察保险助推产业脱贫情况；7月24日至28日，赴四川出席藏区农险发展工作会议并调研。此外，调研组还赴宁夏，考察了盐池县和永宁县闽宁镇，两地因脱贫攻坚的突出成效被国务院扶贫办评为精准金融扶贫"盐池模式"和全国东西对口扶贫协作"闽宁模式"。在调研中，陈文辉指出，中国保监会党委高度重视保险扶贫工作，把贯彻落实中央扶贫开发工作会议和习近平总书记系列重要讲话精神作为当前以及未来一个时期重要的核心工作抓紧抓好。为此，中国保监会成立了保险服务扶贫开发工作领导小组，集全行业之力，确保打赢脱贫攻坚战的目标如期实现。

为了进一步加强保险助推脱贫攻坚工作的组织领导，根据党中央、国务院作出的"稳定和强化各级扶贫开发领导小组和工作机构"的指示精神，2016年5月26日，中国保监会在保险服务扶贫开发工作领导小组的基础上，成立了保险业助推脱贫攻坚工作领导小组。领导小组的主要职责是，统筹协调保险业助推脱贫攻坚工作，研究制定保险业助推脱贫攻坚总体规划、政策措施、规章制度，督促检查相关政策落实和任务完成情况，协调解决工作中遇到的重点难点问题。

（二）出台《关于做好保险业助推脱贫攻坚工作的意见》

为了深入贯彻落实《中共中央国务院关于打赢脱贫攻坚战的决定》和中央扶贫开发工作会议精神，全面加强和提升保险业助推脱贫攻坚能力，2016年5月26日，中国保监会与国务院扶贫办联合印发《关于做好保险业助推脱贫攻坚工作的意见》（以下简称《意见》），从准确把握总体要求、精准对接脱贫攻坚多元化保险需求、充分发挥保险机构助推脱贫攻坚主体作用、完善精准扶贫保险支持保障措施、完善脱贫攻坚保险服务工作机制等方面，创设多项支持政策，明确具体落实措施，对深入推进保险扶贫工作进行全面安排和部署。这是针对保险业如何助推脱贫攻坚工作进行的一次系统的顶层设计，为保险业全方位、多渠道、大力度开展保险扶贫工作指明了方向。

《意见》要求，要精准对接脱贫攻坚多元化的保险需求。农业保险服务方面，保险机构要积极开发扶贫农业保险产品和服务，灾后赔付做到从快从简、应赔快赔，对已确定灾害损失可预付部分赔款。健康保险服务方面，研究探索大病保险向贫困人口予以倾斜，提高贫困人口医疗费用实际报销比例。民生保险服务方面，积极开发意外伤害、疾病和医疗等扶贫小额人身保险产品，对农村外出务工人员开辟异地理赔绿色通道。进一步扩大农房保险覆盖面，探索保险服务扶贫人员队伍新模式。产业脱贫保险服务方面，积极发展扶贫小额信贷保证保险，探索推广"保险＋银行＋政府"的多方信贷风险分担补偿机制。教育脱贫保险服务方面，积极开展针对贫困家庭大中学生的助学贷款保证保险，推动保险参与转移就业扶贫。鼓励保险机构开发涵盖贫困农户生产生活全方位风险的"特惠保"等一揽子保险产品，优先予以审批或备案。

《意见》指出，要充分发挥保险机构助推脱贫攻坚的主体作用。加大贫困地区分支机构网点建设，努力实现网点乡镇全覆盖和服务行政村全覆盖。对扶贫保险业务实行差异化考核，贫困地区保险机构因扶贫保险业务导致的亏损不纳入绩效考核。加强贫困地区保险技术支持及人才培养。鼓励保险资金以债权、股权、资产支持计划等多种形式，积极参与贫困地区基础设施、重点产业和民生工程建设。

《意见》明确了完善精准扶贫保险支持保障措施。鼓励各地政府结合实际通过多种方式购买保险服务。加强保险与扶贫政策的协调配合，鼓励各地将保险纳入扶贫规划及政策体系，并对扶贫保险给予保费补贴。建立健全贫困地区风险分担和补偿机制。强化贫困地区保险消费者教育和权益保护。《意见》特别提出，对在贫困地区设置保险分支机构、开办扶贫保险业务、贫困地区保险资金运用产品予以优先审批或备案。扶贫保险产品费率可在报备基础上下调20%。鼓励保险机构下移扶贫重心，加大捐赠力度，自愿包村包户。

《意见》决定，设立中国保险业产业扶贫投资基金，采取市场化运作方式，专项用于贫困地区资源开发、产业园区建设、新型城镇化发展等。设立中国保险业扶贫公益基金，实施保险业扶贫志愿者行动计划。

《意见》要求，要完善脱贫攻坚保险服务工作机制。建立完善保险监管与扶贫部门的工作联动机制，加强政策互动、工作联动和信息共享。建立脱贫攻坚保险服务专项统计监测制度，实现保险信息与建档立卡信息对接。建立脱贫攻坚保险服务专项评估制度，定期对各地、各保险机构脱贫攻坚保险服务工作进展及成效进行评估考核，并将评估结果作为市场准入、高管资格和差异化监管的重要依据。

《意见》强调，保险业助推脱贫攻坚工作，要紧紧围绕国家精准扶贫、精准脱贫基本方略，准确把握总体要求，坚持定向、精准、特惠、创新原则，精准对接建档立卡贫困人口保险需求，创设政策、完善措施，举全行业之力做好保险扶贫工作，努力实现贫困地区保险服务到村到户到人，对贫困人口"愿保尽保"，为实现到2020年打赢脱贫攻坚战、全面建成小康社会提供有力的保险支撑。

中国保险业产业扶贫投资基金在京成立

　　2016年8月24日，中国保监会在北京召开中国保险业产业扶贫投资基金成立大会。中国保监会副主席陈文辉出席会议并讲话，80余家保险公司、保险资产管理公司参加会议。陈文辉指出，成立中国保险业产业扶贫投资基金，是保险业落实党中央、国务院决策部署的重要体现，既是保险业服务脱贫攻坚的重大举措，也将对行业发展带来深远影响。中国保监会大力支持产业扶贫投资基金发展壮大，确保好事办好、实事做实。产业扶贫投资基金运作要坚持市场化原则，坚持群策群力、合作共赢，注重完善制度、加强管理，探索通过"农业保险＋信用保证保险＋保险资金投融资"的模式，打通保险资产端和负债端，综合发挥保险各领域优势，建立健全保险扶贫全链条。

　　保险业产业扶贫投资基金类型为契约型，由中保投资有限责任公司作为管理人，本着自愿原则面向保险行业募集。第一期10亿元3天内募资完毕，共39家保险机构参与认购。基金将按照中央要求，发挥保险资金长期投资的独特优势，重点投向连片特困地区、革命老区、民族地区、边疆地区的特色资源开发、产业园区建设和新型城镇化发展等领域，并带动其他社会资金流入，促进贫困地区经济发展和产业脱贫。基金首个项目已确定投向国家级贫困县，将于近期落地。

　　在成立大会上，基金管理人中保投与26家开展农业保险和涉农业务的保险公司、22家保险资产公司分别签署了《中国保险业"助推脱贫攻坚"投资与保险联动项目合作协议》《中国保险资管业"助推脱贫攻坚"投资项目合作协议》。建立各方共同参与的定期沟通、业务交流、联合投资等机制，以期发挥产业扶贫投资基金、扶贫保险产品和服务的协同作用，打造从风险保障、信用增信到保险资金直接投资的保险扶贫全链条。保险公司将通过"投保联动"模式，在直接投资于贫困地区特色产业的同时，配套跟进农业保险、大病保险、小额贷款保证保险等产品，提高贫困群体风险抵御能力，培育具有市场意识和风险意识的现代农民，探索短期脱贫目标实现和长期可持续增收致富相结合的有效路径。

（三）召开保险业助推脱贫攻坚工作电视电话会议

2016 年 7 月 15 日，中国保监会、国务院扶贫办联合召开保险业助推脱贫攻坚工作电视电话会议，总结交流开展保险扶贫的工作经验，部署今后一个时期保险业助推脱贫攻坚的目标任务。中国保监会、国务院扶贫办有关负责人出席会议并讲话，宁夏、江西、河北等省扶贫办，贵州、甘肃等地保监局，中国人民保险集团公司、中国人寿保险（集团）公司、国元农业保险公司 8 家单位在会议上进行了经验交流。中国保险行业协会和部分保险公司代表签署并发布《保险业助推脱贫攻坚倡议书》。

国务院扶贫办负责人在讲话时指出，保险扶贫作为金融扶贫政策的重要组成部分，对防范和化解脱贫攻坚过程中的风险具有不可替代的重要作用，体现了保险业贯彻中央决策部署的行动自觉，以及保险业助推打赢脱贫攻坚战的责任担当。各级扶贫部门要将保险扶贫纳入脱贫攻坚总体部署，支持配合保险监管部门和保险机构，全面落实保险扶贫政策。一要将保险纳入各级扶贫规划及政策支持体系，运用保险工具防范化解脱贫攻坚风险，提高扶贫资金使用效率，并积极争取地方政府对扶贫保险给予保费补贴。二要与保险监管部门和保险机构建立工作联动长效机制，尽快实现建档立卡信息与保险信息对接，建立专项统计监测制度和政策实施成效评估制度，动态追踪保险扶贫工作进展情况。三要充分发挥贫困驻村工作队、第一书记和村"两委"等基层组织作用，加大保险政策宣传和产品介绍，帮助贫困户办理参保手续和理赔事宜，让贫困户享受到便捷高效的保险服务。四要会同保监部门及时总结各地保险扶贫好的做法、成功案例和工作成效，宣传表彰先进，推广典型经验，营造良好氛围，凝聚正能量。

中国保监会负责人在讲话时强调，保险业助推脱贫攻坚意义重大。保险扶贫是党中央、国务院赋予保险行业的重大政治任务，既是保险业义不容辞的社会责任，也是保险业应有的责任担当。全行业必须增强责任感、使命感和紧迫感，将保险扶贫作为各项工作的重中之重抓紧、抓实、抓好。他要求，一要加强组织领导，确保措施到位。各保监局、各公司要统一思想，将工作责任细化落实到部门、到机构、到个人，务求取得实际成效。二要精准对接需求，创新产品服务。结合致贫原因和脱贫需求，分类开发、量身定做扶贫保险产品，努力构筑贫困地区产业发展风险防范屏障，构建贫困人群受灾快速响应机制和异地理赔绿色通道，确保保险赔款及时足额发放，贫困群众享受与城市居民相同的保险服务。三要落实主体责任，加大扶贫投入。保险机构要平衡好商业利益与社会责任之间的关系，从绩效考核、资源配置等方面建立支持机制，充分调动基层机构开展扶贫保险的积极性，确保将资源向贫困地区和贫困人群倾斜，着力构建向贫困户提供"面对面"便捷服务的服务网络。四要做好统筹协调，发挥各方合力。将保险工具与扶贫政策体系相协调配合，实现保险与扶贫无缝对接，开展政策宣导，强化基层干部"懂保险、用保险、支持保险"的观念意识。五要注重经验总结，加强宣传推广。发挥典型的示范带动效应，鼓励各地结合实际予以复制推广，提升贫困地区和贫困人口的保险意识和运用保险工具分散风险的能力。

（四）在贵州设立"保险助推脱贫攻坚"示范区

为贯彻落实《中共中央国务院关于打赢脱贫攻坚战的决定》和中央扶贫开发工作会议精神，发挥保险行业体制机制优势，助力贵州坚决打赢脱贫攻坚战、确保同步全面建成小康社会，2016年7月，中国保监会与贵州省政府联合出台《关于在贵州建设"保险助推脱贫攻坚"示范区的实施方案》（以下简称《实施方案》）。《实施方案》结合贵州扶贫开发工作实际和精准扶贫、精准脱贫"十项行动"，有针对性地创设多项保险扶贫政策，给予贵州更多的支持措施，创新更富活力的扶贫体制机制，为贵州脱贫攻坚提供有力的保险支撑。

《实施方案》明确，到 2020 年基本建成与贵州脱贫攻坚战相适应的保险服务体制机制，扶贫保险产品不断丰富，多层次保险服务网络不断完善，保险资金支持贫困地区建设取得突破，贫困地区保险深度、保险密度接近贵州全省平均水平，贫困人口重大民生保险实现"愿保尽保"，生产生活得到现代保险全方位的保障。《实施方案》要求，精准对接脱贫攻坚多元化保险需求，实行多项特惠政策。对保险机构按照"费率要低、责任要宽、保额要高"原则开发的，符合贫困地区、贫困人口保障需求的保险产品，优先予以审批或备案。《实施方案》强调，支持贵州设立本土保险法人机构，支持全国性保险公司到贵州设立省级分支机构。努力实现保险网点乡镇全覆盖和服务行政村全覆盖。放宽对在黔保险分支机构高管人员的任职条件。加大保险资金扶贫投放力度。实施保险业扶贫志愿者贵州行动计划。

《实施方案》提出，在贵州省选择 2—3 个集中连片特困县区设立"保险业精准扶贫示范县"，实施"保险资金优先安排、需求产品优先开发、新型险种优先试点、分支机构优先批设、定点扶贫优先考虑"政策。《实施方案》明确了保险扶贫的保障机制。中国保监会专设贵州扶贫工作组，组织各项特惠政策的落实，引导保险机构给予贵州扶贫业务全方位支持和倾斜；推进保险信息系统主动对接贵州"扶贫云"；为贵州扶贫干部免费提供保险知识培训项目及师资等智力支持；建立脱贫攻坚保险服务专项评估制度，评估结果作为市场准入、高管资格和差异化监管的重要依据。贵州省政府成立保险扶贫工作推动组，完善保险扶贫支持政策，将保险纳入扶贫规划及政策体系；鼓励各地整合扶贫资金，对保险扶贫业务给予保费补贴或提高补贴比例；贯彻落实国家保险扶贫业务的相关税收优惠政策；建立运用保险机制开展扶贫工作的考核激励机制，鼓励地方政府对服务扶贫开发成效显著的保险机构予以奖励。

《实施方案》出台后，贵州保险业积极推进"保险助推脱贫攻坚"示范区建设。一是建立"黔惠保"产品库。汇集农房财产、特色优势农产品、大病补充医疗、意外伤害等一揽子保险产品，提供"一站式菜单化"保险服务。二是完善保险扶贫组织体系。落实示范区建设方案，制定配套行政许可实施细则，将贫困县支公司高管任职资格由核准制调整为备案制，采取"批量审核、批量许可"的方式支持在贫困县设立分支机构。三是加强政策协调对接。会同相关部门研究制定扶贫资金承担贫困人口农险保费、建立贫困人口及扶贫经济组织贷款保证保险风险分担机制、推动大病保险降起付线提报销比例等政策措施。四是筛选打造"保险扶贫示范县"。综合评价贫困度、党委和政府积极性、政策财政基础、保险服务能力等因素，会同有关部门选取2—3个特困县打造保险扶贫示范县。

二、多渠道开展保险扶贫工作

近年来，保险业深入贯彻落实党中央、国务院关于扶贫开发的战略部署，积极发挥保险机制的功能作用，认真履行社会责任，服务经济社会大局，全方位、多渠道开展保险扶贫工作，不断探索"精准扶贫，精准脱贫"新途径，在扩大农业保险覆盖面、推进大病保险、开展新农合经办、发展小额人身保险和运用保险资金支持贫困地区等方面，不断提高服务水平，使保险成为贫困地区民生保障网的重要结点，成为扶贫开发的重要力量。

（一）大力发展农业保险

农业生产面临的灾害风险系数高，生产经营风险大，对于贫困地区的农户来说，一场大的自然灾害就会使其致贫返贫。农业保险是中央支农惠农强农的重要政策举措，旨在帮助农民转移灾害风险、实现收入稳定。在扶贫工作中，充分利用和发挥农业保险的风险保障作用，可以为贫困农户的生产经营兜底，为有效抵御自然灾害风险筑起一道人工屏障。

自 2007 年中央财政对农业保险保费实施补贴以来，农业保险发展迅速，取得的成效十分显著。尤其是近年来，中国保监会将农业保险确定为保险业助推脱贫攻坚的主攻方向之一，采取切实措施，不断提高农业保险覆盖面和渗透度，为贫困地区和贫困群体提供风险保障。据统计，2014 年，农业保险共为全国农业提供风险保障 1.66 万亿元，承保主要农作物 11 亿亩，覆盖率接近 50%，主要口粮作物承保覆盖率超过 65%，支付农业因灾损失赔款 205.8 亿元，受益农户达 3500 万户次，其中很多为贫困农户。2015 年，中国保监会联合财政部、农业部启动农业保险产品改革，通过扩展保险责任、提高保障水平、简化理赔条件等方式实现让利于农，对中央财政补贴保费、涉及 15 类农作物和 6 类养殖品种的 738 个农业保险产品全面升级。2015 年全年农业保险承保主要农作物 14.5 亿亩，占全国播种面积的 59%。玉米、水稻、小麦三大主粮作物平均承保覆盖率达 70%。农业保险承保农作物品种达 189 类。参保农户 2.29 亿户次，农业保险提供风险保障 1.96 万亿元，约占农业生产总值的 32.27%；支付赔款 260.08 亿元，同比增长 21.24%，较 2014 年提高 18.4 个百分点，保险赔款成为农民灾后恢复生产和灾区重建的重要资金来源。迄今为止，农业保险开办区域已覆盖全国所有省份，全国已建成基层服务网点 2.2 万个，有保险协办员 40 余万人，保险服务乡镇覆盖率达 93%、村级覆盖率达 48%，在农村金融领域居于前列。

1. 安徽打造农险扶贫的"金寨样本"

安徽省是农业大省，扶贫开发任务较重，全省有 1 个集中连片特困区、31 个贫困县（其中，国家级 20 个、省级 11 个）、3000 个建档立卡贫困村，贫困人口共计 401 万，贫困人口数量列全国第 8 位。党中央高度关注安徽扶贫工作。2016 年 4 月 24 日，习近平总书记专程前往革命老区金寨县，同当地干部群众共商脱贫攻坚大计。金寨地处大别山腹地，被誉为"红军的摇篮、将军的故乡"。金寨既是革命老区，又是首批国家级重点贫困县，2011 年被确定为大别山片区脱贫攻坚工作重点县。习近平总书记在考察时强调，各级党委和政府要怀着对人民的热爱，按照党中央提出的精准扶贫要求，打好脱贫攻坚战，让老区人民过上幸福美好生活。

2014 年，中国保监会批准金寨县为全国首个农村保险改革创新试点县。此后，安徽保监局协同保险机构积极探索农业保险供给侧结构性改革，打造农险扶贫的"金寨样本"。

（1）全面落实大宗农作物农业保险。2016 年累计实现保费收入 911 万元，各级财政为所有参加水稻、小麦等政策性农业保险的农户补贴 80% 的保费，全年发放理赔资金 767 万元，39365 户家庭因此受益，有效减少农民因灾损失，增强了农民、农业的抗灾害能力。

（2）认真实施特色农业保险。探索试点供需匹配的金寨县农村保险"菜单式"服务新模式，服务农业供给侧结构性改革战略。围绕金寨"5+1"项目和八大产业，建立覆盖农业生产和农村生活等各个方面的 30 多个农业保险品种。2016 年实现保费收入 320.04 万元，承保茶叶、毛元竹、猕猴桃、瓜蒌、育肥猪、黑毛猪价格指数和皖西白鹅等多个特色品种。全年因暴雨、泥石流、病虫害等灾害，累计支付赔款 153.97 万元，其中，猕猴桃和瓜蒌种植等试点险种，2016 年当年的赔付率分别超过 900% 和 200%，为广大受灾农户挽回了部分损失。

（3）及时启动林业保险工作。针对山区森林覆盖广的实际，制定林业保险实施方案，全面启动林业保险工作，2016 年实现森林保险保费收入 588.29 万元，对金寨全县 279 万亩公益林和 67.4 万亩商品林实施保险，全年核定森林火灾、暴雨等灾害面积 8777.8 亩，3612 户林农获赔资金 371.59 万元。

（4）大力开展农村住房保险。率先在安徽全省开展农村住房保险试点工作，2016 年，累计实现保费收入 236.5 万元；通过政府购买服务的方式，为金寨全县 14.7 万农户全额承担保费，并对 1229 户因灾农房受损家庭及时进行了理赔，支付赔款 421 万元；对五保户、低保户和贫困残疾人三类人群的赔付标准一律上调 20%，体现了对特困人群的政策倾斜。

（5）普惠制保险保障贫困群众。贫困老龄人口一直是高风险群体，存在个人保不起、公司不敢保的"供需双向不足"问题。为了解决这一难题，安徽保监局引导保险机构通过降低费率、争取财政补贴等方式为农村五保、低保户老龄人口提供意外保险保障。目前，这一举措已经在金寨全县实现全覆盖，受益群众达 1.6 万人。

（6）项目扶贫发挥示范效应。"光伏扶贫"是安徽脱贫攻坚的精品工程。安徽保监局指导保险公司为金寨县"光伏扶贫"项目量身定制了"光伏设备家庭财产险"产品，并积极争取贫困户光伏险保费由财政全额负担。目前，金寨全县光伏保险参保贫困户已达 7804 户，产生了较好的示范效应。

链接

安徽金寨启动茶叶保险试点工作

安徽省金寨县是著名的极品名茶之乡，是中国传统经典名茶"六安瓜片"的原产地与核心区。近年来，金寨县大力实施六安瓜片省级现代农业示范区和"六安茶谷"建设，茶产业在地方经济中的地位日益突出。2014 年，全县茶叶种植面积 11467 公顷，总产量 7360 吨，实现产值 4.68 亿元。为了降低茶叶种植经营风险，促进茶产业发展和茶农增收，2013 年，首先选择茶叶种植面积广、茶农参保意识强的油坊店、青山、麻埠 3 个乡镇启动茶叶保险试点，并将在积累一定经验后全面推开。具体做法是：以每亩每年 50 元、茶农负担 10 元的标准统一保费，以招标模式择优确定承保公司，试点乡镇茶农可对种植规范、生长正常的茶叶进行全保，若保险期内遇到暴雨雪、病虫害等原因造成茶叶损失达 10% 以上的，保险公司将按照约定条款进行赔偿。

2.贵州发展农业保险，推动惠农扶贫

贵州是全国贫困面最广、贫困人口最多、贫困程度最深的省份，是脱贫攻坚的重要战场。截至 2015 年年底，全省尚有贫困人口 493 万人，其中 75%处于深度贫困中；有国家扶贫开发工作重点县和集中连片特困片区县 66 个，占县级行政区划的 75%。近年来，贵州保险业立足省情，结合实际，主动作为，多管齐下，努力构建包含农业保险在内的、多位一体的保险精准扶贫新模式，取得积极成效。

（1）面上逐步扩大，农民生产生活得到更多保险保障。"十二五"时期以来，贵州农业保险开办的品种从5个扩展到22个，保费规模由920万元增长至5.18亿元，保费年均增长124%，增速排名全国第一，为2920万户次农户提供了2206亿元的风险保障，累计支付赔款5.2亿元，受益农户74万户。

（2）线上全面覆盖，重要领域风险得到有效转移。水稻是贵州农民的主要口粮作物，通过"基本保险＋补充保险"模式，使水稻承保覆盖率从2013年的不足5%迅速提高到2015年的85%以上，实现了"应保尽保"。烤烟是广大贫困农民的重要收入来源，但易遭受冰雹、旱灾侵害。贵州保监局会同烟草部门推动烤烟保险全覆盖，为10.15万户次烟农支付赔款1.6亿元，为灾后烟农补栽补种提供资金支持。贵州贫困县区以少数民族聚居村落为主，住房多是木质结构，极易发生大面积火灾。为此，贵州保监局争取到各级财政每年出资8621万元，对全省889万户农房进行统保，已向6.71万农户支付赔款2.18亿元，简单赔付率75%。

（3）点上积极探索，保险扶贫领域得到不断拓展。认真落实贵州发展现代山地高效农业、助推生产扶贫的要求，设立省级农业保险发展专项资金，推动发展种植面积大、脱贫带动效果好的茶叶、中药材、火龙果、猕猴桃等10个特色优势农产品保险。开展生猪、蔬菜目标价格保险，实现由转移生产风险到转移市场风险的升级，蔬菜目标价格保险入围"全国农村金融创新项目"。

（4）政策上大力扶持，贫困人群更易获得保险服务。设立省级农业保险发展专项资金，支持开展茶叶、中药材等特色优势农产品保险，省级财政给予50%的保费补贴。积极协调财政、扶贫等部门，将中央政策性农业保险农户自缴部分的保费比例由20%降至15%，建档立卡贫困户自交保费全部免除，由扶贫专项资金统筹解决。会同财政部门探索推进"基本保险＋补充保险"模式，使农户在即使不交保费的情况下，也能享受水稻、烟叶、农房等保险的基础保障。引导行业降费让利，例如在扩大烟叶、农房保险主险责任的基础上，将费率分别下降 10%、52%，实现保险扶贫业务的"保本经营"。

3. 甘肃探索农业保险"精准滴灌"

甘肃省下辖的 87 个县区中有 58 个片区特困县、6220 个建档立卡贫困村、101 万建档立卡贫困户、317 万贫困人口，不论是经济总量，还是人均水平，都排在全国倒数，脱贫攻坚任务十分艰巨。近年来，甘肃保险业紧紧围绕精准扶贫大局，找准切口，主动融入，发挥商业保险的独特功能作用，创新保险扶贫的有效方式，在防范化解农业生产风险、提高贫困人口抵御风险能力等方面取得初步成效。

自 2007 年以来，农业保险已逐渐覆盖到甘肃所有市州、县区。全省农业保险"扩面、提标、增品"不断突破，目前共开办 10 个中央财政补贴险种，中药材、苹果、设施蔬菜 3 个省级财政补贴险种，以及玉米制种、油菜、肉牛、肉羊、葡萄、烤烟、大樱桃、茶叶等地方特色保险试点。近年来，累计提供农业风险保障 700 多亿元，处理农户赔案 31 万件，支付赔款 15.4 亿元，受益农户 202 多万户次。

（1）全国首推中药材产值保险，帮扶药农增产增收。定西市位于甘肃中部山区，是全国最大的中药材种植地级市，但干旱少雨、土地贫瘠，历来有"陇中贫瘠甲天下"之称。2014 年，定西市陇西、渭源两个国家级贫困县试点中药材产值保险，并可凭保单增信获得种植贷款服务。之后，该保险新增野生动物毁坏、鼠害、病虫害和抢劫等保险责任，并将药农最关心的药材市场价格波动风险纳入保障范围。党参、黄芪和当归的保额为每亩 2000—3300 元，保费 120—198 元不等，地方财政每亩补贴 80 元。试点当年，保险公司共向 2.59 万农户支付赔款 3523.8 万元，户均赔款 1360 元，为财政补贴资金的 5 倍、农户自缴保费的 7.4 倍，有效应对了市场价格下跌和自然灾害给种植户造成的损失。2015 年，新增陇南市宕昌县试点，规模扩大到 15.66 万亩，参保农户 2.27 万户。试办两年，共有 3.72 万户药农获得赔款 5542 万元，增强了中药材产业抵御风险的能力。

（2）发展藏区养殖种植保险，助力民族地区扶贫开发。针对贫困藏区，甘肃保险业在中央扶持下大力发展藏区牦牛、藏系羊保险，业务开办5年来规模稳居全国第一，累计承保牦牛495万头、藏系羊924万只，支付赔款4.12亿元，受益牧民5.7万户，户均赔款7228元，广大牧民亲切地将牦牛、藏系羊保险喻为"润泽草原和牧民的阳光雨露"。甘南州还将玛曲、夏河等五大畜牧业县列为特色养殖保险示范区，通过政企共建服务网络、印制藏汉双语宣传品、简化理赔流程等举措，加快业务发展，为金融稳藏、富藏发挥了积极作用，为少数民族地区保险助力脱贫提供了经验。

（3）开发特色险种，扶植地方特色产业发展。聚焦甘肃特色农产品面临的风险，开发专属产品，先后开展设施蔬菜、经济林果、玉米制种、烤烟、油菜、肉牛、肉羊、葡萄、大樱桃等特色产业保险。2015年，在永昌县开办蔬菜价格保险，开办当年赔款98万元。在静宁县、秦安县开办包括除霜机、防雹网等防灾防损设施责任在内的苹果种植综合保险，当年赔款2600万元。在正宁县试点烤烟保险，支付赔款515万元，户均赔款近2000元。为山丹马场提供马匹、种养业、旅游责任、人身意外和贷款保证保险等创新性一揽子保险保障。

（4）持续优化升级，不断提高农险产品保障水平。在风险可控前提下，积极探索"保本微利"的经营模式。结合甘肃实际，将旱灾纳入政策性种植业品种保险责任；在保费不变前提下，取消10个政策性险种绝对免赔率，将玉米、马铃薯、奶牛3个大宗品种的保额分别调高了43%、100%和66%，不同产区的玉米保额达到每亩500元和1000元，不同风险区域的马铃薯保额达到每亩500元和700元，基本覆盖直接物化成本，提高了农业风险保障力度。

甘肃的保险扶贫工作得到国务院和甘肃省有关领导的积极评价。2016年4月8日，国务院副总理、国务院扶贫开发领导小组组长汪洋在中国保监会简报《甘肃保险业因地制宜精准扶贫初见成效》上作出批示。甘肃省委书记王三运批示，中药材产值保险是用改革的办法解决农民持续增收重大课题的探索，亦是金融服务"三农"、支持扶贫的务实之举。时任甘肃省省长刘伟平，对农业保险在推动全省脱贫攻坚、农民增收、发展现代农业和完善农村金融服务体系等方面所发挥的积极作用多次给予充分肯定。4月22日，中央电视台一套《朝闻天下》栏目专门报道了甘肃等省特色农业保险助推精准扶贫相关工作的新闻。

4. 山西发展农业保险，提高贫困户抵御灾害能力

近年来，山西省积极组织保险公司开展农业保险，并结合"一县一业"现代农业发展模式，支持地方发展特色农业保险，扩大农业保险覆盖面，提高农业保险的保障程度，支持和服务贫困地区脱贫攻坚。在推动发展农业保险的过程中，人保财险和国寿财险两家公司的表现最为突出。

（1）人保财险以提高低收入人群风险保障为重点，以政策性业务为牵引，以农村服务网点建设为依托，大力发展农业保险，着力在广度和深度上做文章，不断提高贫困地区广大农户抵御自然灾害的能力。一是政策性农险覆盖面稳步提升，扩大小麦、玉米、奶牛政策性保险责任范围，加快财政支农方式由"灾后救济"向"灾前保险"转变，有效缓解受灾农户的后顾之忧，最大限度释放政府强农惠农政策效应。2015年，政策性农业保险覆盖山西全省11个地市、110个区县，参保农户216.7万户，覆盖率达55%；承担风险保障220.07亿元，约为四级财政保费补贴的88倍、农户缴费的352倍；支付赔款5930.93万元，同比增幅10.91%，受益农户12.15万户。二是地方特色农险推进效果明显，围绕山西省委、省政府"一县一业""一村一品"的"三农"发展战略，依托人保财险山西省分公司"三农"网点优势，着力提供全面风险保障。2015年，长治壶关、沁县，晋城泽州，忻州神池、五寨、偏关6个县新开办了小杂粮保险，大同新开办了黄花种植保险，晋城新开办了生猪价格指数保险，忻州神池新开办了羊养殖保险。特色农险开办险种由2010年的5个扩大到19个，覆盖74个市县，地方政府补贴力度平均64.46%，保费收入同比增长259.83%，承保面积140.09万亩、牲畜8.67万头，参保农户14.32万户，提供风险保障金额8.44亿元，支付赔款2679.07

万元，受益农户 1.04 万户。

（2）国寿财险在 2015 年承保小麦、玉米、能繁母猪、奶牛、生态公益林等中央政策性农业保险的参保农户达 111.58 万户，提供风险保障金额 182.90 亿元，支付赔款 11675 万元，受益农户超 30 余万户。共研发推广梨、小杂粮（高粱、谷子、糜黍、燕麦、荞麦）、设施蔬菜（瓜果）大棚、苹果、枣、葡萄、薯类作物、露地黄花、豆类作物种植保险，肉牛、羊、育肥猪养殖保险，以及农房及家庭财产保险、小麦保额补充保险、玉米保额补充保险、奶牛保额补充保险 16 个地方政策性及商业性农险产品，参保农户 3.8 万余户，提供风险保障 2.97 亿元，支付赔款 1789 万元。2016 年第一季度，中央政策性农业保险参保农户 29.99 万户，提供风险保障 89.51 亿元，马铃薯保险正式纳入中央政策性险种保费补贴范围，财政资金补贴保费由中央、省两级财政承担；地方政策性农险累计保费 558.44 万元，参保农户 4.94 万户，提供风险保障 8.60 亿元。目前，国寿财险山西省分公司正在研发农产品的目标价格保险、价格指数保险、气象指数保险等项目产品，旨在为服务农民脱贫提供全方位的保险保障。同时，加快"三农"保险服务网点建设，强化乡、村两级农险协办队伍管理，进一步提升农村保险服务水平。截至 2016 年 3 月，该公司在山西全省设置各级农险服务机构 167 个，各级分支机构配备农险专（兼）职服务人员 367 人、乡（村）级农险协办人员及聘用农业专家 1351 人。同时，出台《农险专业人才引进方案》，加快推进构建农险销售、农险管理、农险服务和外聘专家 4 支专业化队伍。

山西加码发展政策性农业保险

在山西全省大范围春耕春播到来之际，保险业为农业再送福利。2015 年 4 月，山西省财政厅、农业厅、林业厅、气象局和山西保监局下发文件，决定从当年起，在保险金额、费率保持不变的基础上，将旱灾、地震等自然灾害，泥石流、山体滑坡等意外事故，以及病虫草鼠害等纳入政策性种植业保险的保障范围。至此，山西省政策性农业保险的责任范围基本涵盖了较为频繁和易造成较大损失的灾害风险，提高了农业生产者灾后自救的能力，减少了因灾致贫返贫现象，为农业、农民撑起了"安全伞"。

与此同时，为了增强政策性农业保险的承保能力，将中煤财险加入省级政策性农业保险承保机构。这样，省级政策性农业保险承保机构数量达到了3家，即中煤财险、人保财险山西省分公司、国寿财险山西省分公司。这些保险机构将承办小麦、玉米、能繁母猪、奶牛等省级政策性农业保险的种植业和养殖业保险业务。此外，还将在临汾、晋中和忻州3市各选1个县（市、区）与中煤财险合作，在传统保险责任的基础上，开展玉米、小麦种植业干旱气象指数综合保险试点。

5. 青海在牧区积极试点牦牛、藏系羊保险

青海是全国主要的草原牧区之一，全省有可利用草场3160万顷，占全国的10.1%。青海的草原牧场不仅面积大、类型多，而且，草群营养品质好，牲畜适口性强。畜牧业是广大牧民群众赖以生产生活的重要基础，畜牧业的稳定发展直接关系到牧民增收和牧区经济社会发展。然而，青海平均海拔3370米，冷季长达8个月，有些地区的空气含氧量仅为内地的30%—40%左右，气候呈干燥、缺氧、多风、少雨特点，自然条件极其严酷，是干旱、风沙、洪涝、风雹、雪灾、低温冷冻和草原鼠虫灾害的重灾区，"10年一大灾、5年一中灾、年年有小灾"，给畜牧业生产和牧民脱贫造成严重影响，藏区群众因灾返贫率高达25%以上。

藏系羊、牦牛是青海藏区牧民饲养的主要畜种。为了提高牧民抵御自然灾害能力和畜牧业综合生产能力，积极探索建立藏区畜牧业生产风险保障机制，有效防范和化解灾害造成的风险，促进藏区畜牧业生产的稳步发展，青海从2010年就开始有针对性地研发牦牛、藏系羊专属保险产品。2012年1

月，青海首先在黄南州河南县启动藏系羊、牦牛保险试点。试点采取整县统保的方式进行，将藏系羊和牦牛全部纳入投保范围，保额为每只藏系羊 300元、每头牦牛 2000 元，保险责任确定为雪灾、动物疫病、狼害、洪水造成的死亡损失。藏系羊、牦牛保险保费按 6% 收取，享受中央、省和县三级财政补贴。其中，中央财政补贴 40%，省级财政补贴 50%，县级财政补贴5%，牧户（合作组织）承担 5%。

2014 年 11 月，青海省政府印发《2014 年青海省藏区藏系羊、牦牛保险实施方案》，藏区藏系羊、牦牛保险第一阶段试点扩面工作正式启动，将藏区藏系羊、牦牛保险覆盖面由原来的黄南州河南县进一步扩展至临近的泽库县。2015 年，青海全省共承保牦牛、藏系羊 153.29 万头（只），同比增长77.42%；保费收入 1.08 亿元，同比增长 108.82%，共承担风险责任 17.92 亿元，支付赔款 7765.25 万元，牧户户均赔款 1158.99 元。截至 2016 年 10 月，青海藏区牦牛、藏系羊保险已扩大到 6 个县，全省的 349.73 万头牦牛、204万只藏系羊已纳入保险范围。

藏区藏系羊、牦牛保险对保障牧民生产生活起到了积极作用，但青海贫困人口多、贫困程度深，39 个贫困县中有 15 个国家扶贫开发工作重点县，牧户因灾致贫返贫现象普遍。近年来，虽然青海持续加大对牦牛、藏系羊保险的支持力度，覆盖面却仍只占 39 个贫困县的一小部分，远远不能满足广大牧户的风险保障需求。例如，2015 年未参保的海西州都兰县一次雪灾就造成 7.44 万头（只）牲畜死亡，牧民损失巨大，因此，青海藏区藏系羊、牦牛保险急需进一步连点扩面。

（二）积极开展大病保险

城乡居民大病保险是我国实现社会保障与商业保险相结合的重大制度创新，是用中国式办法解决世界性医改难题的有效途径。近年来，中国保险业全面贯彻落实国务院办公厅《关于全面实施城乡居民大病保险的意见》精神，把做好大病保险作为脱贫攻坚工作的重要内容来抓，通过强化协调、健全制度、严格监管、规范运行，指导保险公司积极参与各地的大病保险政策制定、方案设计和业务承办，不断提升服务水平，取得积极成效。

一是覆盖范围不断拓展。截至 2015 年年底，共有 16 家保险公司在全国 31 个省区市开展了大病保险业务，覆盖人口 9.2 亿人，保费收入 252.4 亿元，赔付人数 345 万人，赔付支出 214 亿元，累计超过 500 万大病患者直接受益。

二是保障水平大幅提高。大病保险患者实际报销比例在基本医保的基础上普遍提高 10—15 个百分点（2016 年 1—9 月份实际提高 13.85%），整体报销比例达到 70%，个案最高赔付达到 111.6 万元，切实减轻了老百姓的经济负担，有效缓解了因病致贫、因病返贫问题。

三是医疗费用得到管控。保险公司加强对医疗服务行为的管控。2015 年，保险公司承办大病保险项目时审核发现问题案件 43.67 万件，拒付不当医疗费用 22.67 亿元，一定程度上缓解了医疗费用快速上涨的势头，有效地维护了基本医保基金的安全。

四是就医体验逐步改善。通过加强系统建设和与基本医保系统对接，2016 年保险公司承办的大病保险项目中，414 个项目实现了一站式结算服务，80 个项目实现了异地结算，大病患者享受到了快捷、便利的结算服务。一些地方的大病保险患者还享受到了远程诊疗、家庭医生等额外的增值服务。

五是制度整合不断推进。在大病保险的成功示范下，不少省区市如青海、安徽等地区开始试点将基本医保交由商业保险公司承办，促进了不同医保制度之间的有机整合。

1. 大病保险的"青海模式"

青海省是全国首个大病保险实行全省统筹的省份，亦是医改综合试点省份之一。在探索大病保险方面，青海省"起步早、起点高、创新足"。

2012 年年初，针对群众大病医疗费用负担重的实际，青海省探索建立大病医疗保险制度。在起始阶段，制定出台了《青海省城乡居民重特大疾病医疗保障办法（试行）》，从城乡居民医保资金中按人均 30 元标准设立重特大疾病医疗保障资金，对儿童急性白血病、先天性心脏病等 21 类重特大疾病，年医保最高支付限额确定为 20 万元，患者住院费用报销比例达到 70%。

同年 8 月，国家发展改革委等 6 部委《关于开展城乡居民大病保险工作的指导意见》印发后，青海省对原办法进行了修改完善，制定了《青海省扩大城乡居民大病医疗保险范围的实施方案》，在全国率先实施覆盖全体城乡居民的大病医疗保险制度，按人均 50 元标准统筹建立大病医疗保险基金，所需资金从城乡居民医保统筹基金中划转，不额外增加参保群众负担，并覆盖所有大病。按照"基本医保 + 大病保险 + 医疗救助"的方式，对城乡居民住院个人自负合理合规医疗费用超过 5000 元以上的按 80% 予以二次报销，不设最高封顶线。同时，为与城乡居民大病医疗保险政策相配套，2013 年 5 月，青海省政府出台了《青海省城镇职工大病保险办法（试行）》，人均筹资 60 元，城镇职工住院医疗费用个人自付部分超过 7000 元以上的，按 85% 予以报销。同时，低保户、特困户、重度残疾人等民政救助对象的住院费用实际支付比例达到 90%，由民政部门按相关医疗救助政策兑现。

自探索大病保险伊始，青海省就大胆创新，引入商业保险机构承办城乡居民大病保险。2012 年，通过招标，两家有实力承办大病保险业务的保险公司——中国人寿青海省分公司、人保财险青海省分公司中标，与青海省人力资源和社会保障厅和省卫生厅签订 3 年服务协议和年度保险合同，承担青海省 8 个市州的大病保险业务，合同期间承办服务的费用通过政府购买服务的方式全部纳入省级财政预算，统筹安排。同时，青海省人力资源和社会保障、卫生部门建立考核制度，按照协议和考核目标对商业保险机构在年终进行考核，并通过日常抽查、建立投诉受理渠道等多种方式进行督察，督促商业保险机构履行合同，维护参保人信息安全，加强偿付能力和市场行为的监管力度，对违法违约行为及时处理，确保大病医疗保险工作平稳运行。

对于商业保险公司来说，承办大病保险是"摸着石头过河"的"新业务"。中国人寿青海省分公司为了承办大病保险业务，特别招聘了一批有医疗、医保经验的员工，进行相关的培训之后才上岗工作。鉴于青海省医疗资源集中在西宁市，且全省80%以上大额住院均发生在西宁地区的特点，设置了一站式即时结报：在西宁地区选择青海省人民医院等10家省、市级主要定点医疗机构设置结算窗口，开展一站式即时结报，即患者出院时统一在医疗机构结算窗口报销，公司定期与医疗机构结算，方便患者。对于不能即时结算的，还在各县该公司的分支机构设置大病保险服务窗口23个，以及西宁市大病保险管理服务中心，方便患者结算。

在合理使用医保基金方面，商业保险公司承办模式也有其独到之处。例如，相比社保部门，商业保险公司拥有大量省外机构网点，在进行外伤案件（意外伤害产生的医疗费用）调查、省外就诊调查时更具优势。中国人寿青海省分公司的统计数据显示，2012—2015年，大病保险调查外伤案件328件，查出违规案件12件，涉及金额67.49万元；核查省外就诊案件439件，查处虚假病案24件，涉及金额150.45万元。

通过由商业保险公司承办大病保险，从医疗到经办环节，实现了政事分开、管办分离，医疗、医保、经办三方制衡，监督制约，可以有效防止不规范医疗行为。截至目前，青海全省累计为16.3万名大病患者支付大病医保费用7亿元，有效缓解了大病患者的医疗费用负担和因病致贫、因病返贫现象的发生。大病保险制度实施以来，减轻了贫困家庭的经济负担，解决了百姓的实际困难，得到了百姓的高度认可。

2. 平安集团积极参与承办大病保险

因病致贫返贫是脱贫攻坚面临的最大难题。平安集团自2013年起通过旗下的养老险公司积极参与大病保险项目，截至目前已服务35个大病保险项目，服务参保人数近亿人，实现了"政府满意度100%、参保人零投诉"的目标。开展大病保险过程中，平安集团充分发挥在机制、专业、系统等方面的优势，摸索出了不少好的做法。

一是履行保险责任，提高参保人医疗保障待遇。平安集团通过大病保险商保运作机制，在不增加国家财政支出的情况下，放大了医保基金的保障作用，切实解决了特病、重病人群的高额医疗费用问题。例如平安集团承办的甘肃省大病保险项目，2013 年，庆阳试点地区大病保险在基本段报销基础上，将原有的住院费用补偿比例提升 14.06%；2014 年，庆阳、平凉、白银、陇南、天水 5 地市大病保险在基本段报销基础上，将原有的住院费用报销比例提升 12.62%；个人累计单笔最高赔付金额达 51 万元。

二是通过医疗费用智能审核、移动稽核巡查、事中第三方告知和异地就医协查等举措，加强风险管控。医疗费用管控是开展大病保险的核心工作，平安集团在做好传统管控工作的基础上，升级大病保险系统。通过平安集团智能审核系统，对大病结报及诊疗明细数据进行系统筛查，作为人工审核的有效补充，在提高审核效率的同时实现 100% 全覆盖。同时，平安集团自主研发了移动稽核平台，实现稽核巡查人员任务在线分派、移动稽核及作业管理，提升了医疗费用管控的精准度。在风险管控模式方面，平安集团采用以住院参保人入院告知为核心的创新模式，通过引入告知服务，提前告知住院参保人关于医疗服务、保障待遇、结报服务等信息，保障患者的知情权、选择权，有效缓解了医患信息不对称和医患矛盾问题，并提升了费用管控能力及参保人满意度。

三是提升参保人服务体验，积极推动一站式即时结算，提升报销时效。在电话服务方面，平安集团已搭建专属的 400 全国统一大病保险服务专线，将大病保险咨询及查询服务标准化，打造"全国统一呼入电话＋属地化呼出电话"的大病保险服务模式。在互联网服务方面，搭建全方位的电子化服务平台，通过 APP、微信、官网等服务平台，为参保人提供在线咨询、赔付查询、自助报销、健康咨询等服务。在异地服务方面，依托全国服务网点及全国统一的异地受理服务平台（包括基本医保及大病保险），通过后台定义、工作流推动、影像传输、物流跟踪等功能，为异地就医的参保人提供免奔波、免填单、时效快的异地结报受理服务，有效解决了基本医保部门服务受地区限制的问题。

通过发展大病保险，平安集团将大病保险与医疗救助相结合，共同实现保障兜底的目标，在防止因病致贫返贫和实现精准脱贫方面起到了积极作用。

平安养老河南分公司大病保险送温暖

2015 年 4 月 11 日，河南参保人孙某（河南农业大学学生）在校突发昏厥、持续性昏迷，经郑州大学第一附属医院抢救，确诊患缺血缺氧性脑病，经治愈后出院。事发后，平安养老河南分公司迅速启动绿色通道快速理赔机制，大病赔付 30 万元，获得了患者的高度称赞，并得到了政府及行业协会的认可，《大河报》《中国保险报》等主流媒体进行了相关报道。

2015 年，河南漯河市民谢某因急性淋巴细胞白血病住进北京大学国际医院，全年住院花费将近 100 万元，直接达到基本医疗报销封顶线 8 万元，居民大病应报销金额也达到 30 万元的封顶线。了解到患者要在年后第一周返回北京进行后续治疗，为缓解患者的经济负担，平安养老河南分公司第一时间启用绿色通道快速理赔机制，将 30 万元大病赔付金一次性转入患者家属的银行卡，大大减轻了谢某的医疗费用压力。

3. 重庆市开展贫困户大病补充保险

重庆全市所有贫困户中，因病致贫的比例超过 30%。在新一轮精准扶贫过程中，为减轻贫困群众医疗负担，重庆市在城乡居民合作医疗保险、民政医疗救助的基础上，从 2015 年起，开始为全市建档立卡贫困户购买大病医疗补充保险。

贫困户大病医疗补充保险工作由重庆市扶贫办牵头，2015 年 4 月开展试点，6 月正式启动承保工作。试点范围包括巫溪、彭水、石柱、武隆、秀山、丰都、巫山、万州、黔江、南川、潼南、江津、荣昌 13 个区县，参保对象为试点区县参加当地基本医保和大病保险、年龄在 18 周岁以上的建档立卡贫困户，共计约 60 万人。保费为每人每年 18 元，最高赔付 20 万元。保障范围为在保险期间内被保险人住院和特殊疾病中重大疾病门诊发生属于居民医保基金报销范围的医疗费用，在大病基金报销后的自付费用超过一定额度（即起付标准，2015 年为 1.2 万元／人）的医疗费用，首次或累计超过起付标准以上的，保险公司承担保险责任，按分段赔付比例给付保险金：1.2 万元—5 万元（含）按 40% 比例给付，5 万元—10 万元（含）按 50% 比例给付，10 万元—20 万元（含）按 60% 比例给付，20 万元以上按 70% 比例给付。

重庆市开展的贫困户大病医疗补充保险有以下特点：

一是因户施策，创新方式，体现精准扶贫要求。贫困户大病医疗补充保险瞄准因病致贫的扶贫对象，实行定向定点扶持，主要体现"三个保"，即：保贫困农户，参保对象必须是新一轮建档立卡的贫困户；保重点人群，重点解决建档立卡贫困户中 18 岁以上的人员；保大病重病，按实际发生的自付医疗费用作为标的，起付标准是 1.2 万元，并按比例分段赔付，重点缓解大额医疗费用支出造成的经济负担，费用越高，报销比例越大。

二是财政埋单，高额赔付，放大扶贫资金效益。贫困户大病医疗补充保险具有投入小、缴费低、赔付高、理赔快等特点，体现了特惠与普惠、公益性与效益性、政府主导与市场引导相结合。保费由市级财政扶贫资金全额补助，贫困户不花一分钱，却能获得最高 20 万元的额外赔偿。

三是广泛宣传，企业让利，确保扶贫对象得实惠。2015 年 4 月 17 日，重庆市扶贫办组织召开全市贫困户大病医疗补充保险试点工作启动暨业务培训会，安排部署试点工作，并对试点区县进行业务培训。《重庆日报》头版登载试点相关新闻，人民网、新华网在显著位置刊载，同时通过重庆手机报、重庆扶贫开发公众信息网等媒介广泛宣传。承办商业保险机构开辟绿色理赔通道，受理后 10 个工作日内赔付到位，并承诺保险总体赔付率达到 60% 以上，最大限度取信于民、让利于民，让贫困户真正享受政策性保险带来的经济实惠。

在首批 13 个区县试点的基础上，2015 年 9 月 8 日，重庆市扶贫办印发通知，决定安排专项补助资金 1230 万元，用于支持 2015 年未纳入试点的 20 个区县开展贫困户大病医疗补充保险。由此，重庆将以政府购买服务方式，为全市 165.9 万农村贫困人口统一购买大病医疗补充保险。2016

年 7 月，重庆市扶贫办印发《关于进一步深化贫困户大病医疗补充保险试点工作的通知》，对贫困户大病医疗补充保险参保工作进行全面部署，要求各区县扶贫办尽快组织贫困户参加大病医疗补充保险，整体投入只能增加不能减少，参保对象的受益程度只能提高不能减少，享受赔付的群体只能扩大不能减少，并鼓励各区县自主建立扶贫医疗救助专项资金，实行"点对点"救助。

链接 重庆璧山大幅提高大病医疗补充保险额度

为了最大限度解除贫困群众就医后顾之忧，防止因病致贫、因病返贫，从 2015 年 11 月起，重庆市璧山区在全市大病医疗补充保险标准的基础上，大幅提高了保险额度，提标后达到每人每年 50 元，比全市平均标准高出近 2.8 倍。每人每年 50 元的保费均由区财政支付。提标后，贫困户医保未报销部分费用的 80%可以报销。该政策出台后，全区有 1891 户（5014 人）建档立卡贫困户从中受益。

璧城街道建档立卡贫困户孙中玉已经 82 岁，2015 年 10 月，她不慎摔倒，造成大腿骨折，到璧山区人民医院骨科进行治疗。按照城乡合作医疗保险和大病医疗保险相关规定，孙中玉花去的医疗费用中，有 27338 元符合报销范围，孙中玉得以报销费用 16402 元。按照大病医疗补充保险相关规定，孙中玉未报销的 10936 元医疗费用的 80%可以再次进行报销，孙中玉又得以报销费用 8748 元。这样，在治病过程中，孙中玉符合报销范围的医疗费用 27338 元中，只有 2187 元由自己承担，极大地减轻了医疗负担。

4.内蒙古锡林郭勒盟开办低保人员补充医疗保险

内蒙古锡林郭勒盟是我国重要的畜牧业基地。近年来，锡林郭勒盟围绕肉、乳、绒毛皮张、蔬菜、饲草料等主导产业，加快推进农牧业产业化，农牧民收入水平不断提高。然而，受自然条件和历史因素影响，截至 2015 年年末，锡林郭勒盟仍有贫困旗县 8 个、贫困人口 32969 人，其中国家建档立卡贫困人口 20594 人、盟内认定贫困人口 12375 人。

因病致贫返贫是锡林郭勒盟困难群众的主要困扰。在过去很长一段时间，困难群众解决医疗负担主要靠医疗救助及后来的新农合、城镇医保。然而，由于医保制度的保障水平比较低，并存在意外伤害、意外致残、意外身故等医疗保障的空白，民政部门原有的救助渠道远不能满足困难群众看病就医的需求，需要医疗救助的群众数量逐年增加。据统计，2011 年，锡林郭勒盟患大病的困难群众 4.4 万人，得到救助的只有 1.4 万人，支出资金 3370 万元，人均仅 2390 元，因患大病或意外事故致贫返贫现象依然存在，医疗保障制度亟待进一步调整和完善。

为切实解决困难居民大病医疗费用负担过重导致的贫困问题，锡林郭勒盟在落实好新农合、城镇医保和医疗救助的基础上，制定出台了《关于实施城乡大病救助"爱心工程"的意见》，在全盟范围内启动实施了城乡大病救助"爱心工程"，设立了困难群众大病救助基金专户。到 2012 年年底，共筹集资金 2957.4 万元，其中盟级财政拨付到位 2000 万元、旗县市区财政匹配257.2 万元、社会募集捐款 700.2 万元，发放大病救助"爱心工程"救助资金 2175.7 万元，惠及患大病困难群众 1479 人，每人平均得到 1.5 万元的大病救助资金。

为进一步完善医疗救助制度，填补新农合与城镇医保未能提供意外事故、意外残疾和意外伤亡等医疗费用保障的空白，缓解困难群众的医疗负担，锡林郭勒盟于 2012 年 6 月联合商业保险机构，在锡林浩特市、太仆寺旗、苏尼特左旗、多伦县、乌拉盖管理区 5 个地区又开展了低保困难群众补充医疗保险试点。根据各地实际和低保人群类别，补充医疗保险的保费为每人每年 90—160 元，由民政部门统征统缴，其中个人承担 30—50 元，部分旗县由民政部门全部承担。从 2012 年 6 月到 12 月底，试点地区共为 3.7 万名低保群众办理了补充医疗保险，交纳保费 390.7 万元，829 名困难群众因疾病、意外伤害获得保险赔付，赔付金额 172.6 万元。从 2012 年到 2015 年，锡林郭勒盟保险机构共为低保人员提供风险保障 28.87 万人次，收取保费 3354.32 万元，发生赔款 3439.99 万元。

城乡大病救助"爱心工程"和补充医疗保险救助的实施，实现了民政医疗救助制度的拓展延伸，形成了针对低保困难群众的多重医疗救助机制。据测算，对新农合、城镇医保和大病保险平均报销 70%后的余额部分，医疗救助商业补充保险平均赔付比例达到 80%，从而使全部医疗费用实际报销比例达到 94% [70%＋（1-70%）×80%]，困难群众的医疗负担显著减轻，因病致贫返贫问题大幅缓解。

（三）着力开展民生保险

近年来，中国保险业针对保障水平较低的贫困群体，积极参与构建民生保障网，实现扶贫途径由"基本保障"向"缺口补位"转变，通过开发各类保障适度、保费低廉的民生保险，为贫困人群基本生活和生产劳动提供风险保障，在兜牢社会保障底线、填补贫困人口保障空白、安定民心方面发挥了重要作用。据统计，2015 年，农村小额人身保险参保农民工达 9000 万人，总保额超过 1.4 万亿元，共支付赔款 13 亿元；农房保险覆盖全国所有省区市，实现保费收入 8.09 亿元，同比增长 15.72%；巨灾保险试点地区不断增加，除广东深圳、浙江宁波、云南大理开展巨灾保险试点外，四川在绵阳、乐山、宜宾和甘孜 4 个市（州）启动了城乡居民住房地震保险试点，广东在湛江、韶关、梅州、汕尾、茂名、汕头、河源 7 个地市开展了巨灾指数保险试点。

1. 保险业积极发展农村小额保险

2007 年，中国保监会成立小额保险课题研究组，由人身保险监管部牵头，组织各地保监局和保险公司，共同对国外小额保险的做法和经验开展研究，其间邀请印度友邦公司、苏黎世金融集团等跨国机构介绍经验，同时还认真研究了农村金融发展的相关政策，出版了《农村小额人身保险》研究报告。

2008 年 6 月，中国保监会印发《农村小额人身保险试点方案》，确定中国人寿为首个农村小额人身保险试点公司。此后，中国人寿在山西、青海、甘肃、黑龙江、河南、四川、湖北、江西、广西 9 省区启动农村小额人身保险试点。同时，中国保监会还确定太平洋寿险、新华保险和泰康人寿三家公司作为首批试点公司。太平洋寿险在 4 省市进行小额保险试点，推出"小额宝"系列产品；泰康人寿选择四川、江西、湖北、河南、黑龙江、广西和山西 7 省区的 19 个县作为小额保险试点区域，推出小额保险专用创新产品"泰康无忧卡"；新华保险在河南等省推出与银行存款关联的意外险产品"喜来保"、为小额贷款的借款人量身设计的"借贷保"和关注农村育龄妇女的"母婴保"。

2009 年 4 月，增加河北、内蒙古、安徽、山东、海南、重庆、贵州、云南、陕西、宁夏 10 个省区市作为试点地区。当年，中国人寿与山西省祁县东观镇东炮村签订了首张农村小额保险保单，创新运用"全村统保"模式，为小额保险试点推广打开了突破口。截至 2010 年年底，共有 19 个省（自治区、直辖市）推广了小额保险业务，累计承保超过 2500 万人次，提供保障金额 3446 亿元，为发展"三农"事业和保障广大农民利益发挥了积极作用。

从 2010 年开始，在"小额保险"成功经验的基础上，国务院扶贫办与中国人寿对"扶贫小额保险"项目开展研究，赴贫困地区互助资金试点村进行多次调研，认为小额保险对象与扶贫对象都是低收入人群，在贫困村互助资金试点地区推行小额保险，有利于保障互助资金的安全运行和贫困农户的利益。

2011 年 5 月 21 日，国务院扶贫办、中国人寿和四川省旺苍县合作开展的"扶贫小额保险"试点项目在张华镇大地村、龙凤乡锦旗村启动。时任国务院扶贫办副主任王国良和中国保监会副主席魏迎宁向两个试点村授牌，中国人寿与大地村村民代表黄发先签订了全国第一张"扶贫小额保险"保单。

2012 年 7 月，中国保监会制定《全面推广小额人身保险方案》，将小额保险销售地域扩大到全国范围，服务人群由县以下乡（镇）和行政村的农村户籍居民，扩大到城镇享受最低生活保障的低收入群体、优抚对象以及无城镇户籍的进城务工人员。

经过多年的不断探索，农村小额保险以"低保费、小保额"的模式走出了一条金融扶贫、保险护航的新路，通过分散和化解贫困农户因意外伤害或因病引起的致贫返贫风险，实现巩固温饱成果、加快脱贫致富的目标，为贫困农户建立了"心理安全网"，成为防止村民因病、因残返贫的有效保障。

 江苏泗洪启动"扶贫100"保险项目

2016年6月3日，江苏省泗洪县启动"扶贫100"保险项目，进一步聚焦精准发力、精准投放、精准兜底，积极探索"保险＋扶贫"的扶贫开发新路径。在泗洪，低收入户的标准是人均年纯收入低于6000元。一直以来，因病、因灾、因学致贫都是困扰低收入农户脱贫增收的主要阻力。据统计，在全县13.26万低收入人口的致贫原因中，因病占比50.54%，因残占比18.01%，因灾占比3.21%，因学占比4.92%，合计占比76.68%。为此，泗洪针对建档立卡低收入人口因学、因病、因灾等原因致贫开发出"扶贫100"商业保险，进一步增强低收入群体应对突发事件的能力，保障贫困群众未来的生活，避免"救护车一响，一头猪白养""一人得大病，全家陷困境"情况的发生。

"扶贫100"保险项目的主要运作方式是，县政府通过专项扶贫资金、社会募捐等多渠道筹资，为全县13万低收入人口每人每年购买100元商业保险。该项目以商业招标的方式确定承保保险公司，年缴费715万元。保险公司提供专门定制的扶贫保障方案，保险责任包括升学补助金、终疾定额赔付、大病补充医疗、人身意外和家庭财产损失5个方面，以低保额、多责任的形式为贫困人口提供普惠保障。有了这份保险，初次患相关重大疾病（按相关比例报销与补偿）、意外受伤（最高赔付2万元）、房屋受损（最高赔付1万元）都可获得保险理赔，考上高中或大学还会分别获得2000元与3000元教育补助金。《中国保险报》《新华日报》等众多媒体考察后认为，泗洪的"扶贫100"保险项目不仅是一项惠民的好政策，而且还很创新，很有特色，值得在江苏全省乃至全国推广。

　　"扶贫100"保险项目给老百姓带来了实实在在的好处。2016年7月12日下午，上塘镇谷墩村李红宇家因电线老化引发火灾，主屋被烧，报案后很快得到9214元的赔付。这是泗洪县"扶贫100"保险项目送出的第一份理赔款。魏营镇小施庄的李光会老人因不小心从自家的平房摔下，第三天就通过支付宝收到了2000元的理赔。金锁镇韩湾村的江鹏和穆墩岛码头的蒋倩考上大学后，都因参保"扶贫100"项目获得3000元教育补助金。

　　2.云南推动发展多种民生保险项目

　　云南是全国农村贫困面最大、贫困人口最多、贫困程度最深的省份之一。截止到2014年年末，有574万贫困人口，居全国第二位。全省129个县市区中，有88个贫困县、476个贫困乡、4277个贫困村，昆明还是全国唯一至今有国家级贫困县的省会城市。近年来，云南保监局高度重视保险扶贫工作，主动融入云南脱贫攻坚大局，在探索和推动保险扶贫过程中，注重对接民生保险需求，在防范化解贫困人口民生风险方面取得积极成效。

　　一是大力发展农村房屋火灾财产保险。为了加强火灾的预防与控制，减少火灾带来的财产损失，云南省针对农村房屋耐火等级低、火灾多发的实际情况，自2008年起，采取政府和农户共同承保、政府全保、农户自保等方式，大力发展农村房屋火灾财产保险，着力解决农户因火灾致贫返贫问题。据统计，从2007年至2014年，全省累计承保农房保险2157.89万户，实现保费收入1.58亿元，为参保农户承担风险保障金额1437.39亿元，累计支付灾害损失赔款8941.47万元，并在红河、临沧、德宏、西双版纳、怒江、迪庆、保山实现全州市农房统保，农房保险在全省基本实现全覆盖。

　　二是积极推动农村小额人身保险发展。云南省于2009年4月被中国保监会确定为第二批农村小额人身保险试点省（区）。此后，云南迅速开展了农村小额人身保险试点工作，昆明市、玉溪市、曲靖市、保山市、大理州、红河州、楚雄州及西双版纳州 8 个市州为试点地区，保障人群及责任范围主要是对约定年龄范围内农村居民因生活、劳作过程中遭受意外伤害导致身故、残疾的给予约定保险金赔偿。2015 年，农村小额人身保险业务已在全省 16 个州市开办，累计为 145.62 万农户提供了近 94.21 亿元的风险保障，年度支付赔款 1789.63 万元。

三是大力发展涉及农村农民的责任险。针对野生动物出没地大多为贫困地区的特点，为提高农户赔偿标准、缓解政府救助压力，云南在全国首创了"野生动物公众责任险"，将野生动物肇事损失赔偿由原先单一的政府赔偿转变为"政府＋商业保险"的赔付模式，发生人员死亡的重大案件由保险公司一次性赔偿 20 万元，是政府补偿的 2 至 4 倍，财产损失赔偿也明显高于政府补偿标准。2014—2015 年，共对 2.95 万起野生动物损害事件进行了赔偿，赔付金额 8659 万元，7 万余贫困户直接受益。此外，怒江州为 44 万农村户籍人员投保了自然公众责任保险，大理州巍山县还探索开展了自然灾害公众责任保险附加见义勇为责任保险。

四是推动全国首个地震保险试点落地。2015 年，云南省大理白族自治州启动全国首个农房地震保险试点，在 3 年试点期间，保费由省、州、县三级政府财政全额承担，为全州 12 个县（市）82.43 万户农村房屋及 356.92 万居民提供地震风险保障。云南约 50% 以上的农房为土木结构，往往小震大灾、大震巨灾，农村、农民是最需要地震保险保障的地区和群体。试点方案从风险最高、损失最大的农房地震灾害着手，既保障财产损失，又保障人员伤害。云南省农房地震保险以政府灾害救助为体系基础，以政策性保险为基本保障，以商业保险为有益补充，构建了三位一体的巨灾风险管理体系。

五是助力人口较少民族精准扶贫。针对云南省人口较少民族因自然灾害、意外事故造成的人身、财产损失缺乏保障等情况，自 2014 年起，云南省为 10 个州市、35 个县（区）、395 个建制村中的 38 万人口较少民族人口提供了人身意外伤害保险、教育年金保险和农房保险，这 3 项保障保费由省级财政全额补贴。2015 年，该项目在全省共有 176 件赔案，赔付金额398.47 万元，暂未结案案件估损金额 838.49 万元。

云南开展野生动物公众责任保险试点

云南省的野生动物种类在全国排在第一。自 1988 年国家野生动物保护法颁布实施以来，随着野生动物种群的增多，野生动物肇事也不断增多，导致部分家庭遭受巨大损失，有人因此致贫。2008 年至 2012 年，云南全省因之经济损失 24334.52 万元，年均损失 4866.90 万元。其中，人身伤害案件主要由亚洲象、毒蛇和黑熊造成，5 年间共发生 731 起，后 3 年死亡人数 18 人。根据国家野生动物保护法，因保护国家和地方重点保护野生动物造成农作物或者其他损失的，由当地政府给予补偿。为此，自 20 世纪 90 年代初，当地对野生动物肇事补偿方式进行了大量探索，包括地方政府直补、中央试点项目经费补偿等。然而，长期以来，政府补偿一直面临补偿资金不足、补偿金额不高等问题。

为了有效解决政府补偿面临的问题，自 2010 年开始，云南省先后在西双版纳、临沧、普洱、迪庆和保山 5 个州市 22 个县（市）投入 2866 万元保费开展野生动物公众责任保险试点，由政府全额出资投保，保险责任为承保区域范围内受保护野生动物肇事造成的人员伤亡和包括房屋建筑、农户饲养家畜、农作物在内的财产损失，推动实现由政府补偿向商业保险赔偿的转变。

经过一段时间的努力，试点工作取得初步成效。一是赔付标准提高，受灾群众得到更多实惠。发生人员死亡的重大案件由保险公司一次性赔偿 20 万元，是原来政府补偿的 2 至 4 倍。财产损失案件由保险公司按照合同约定标准赔偿，也高于政府补偿标准。从 1991 年至 2010 年，政府对野生动物肇事共补偿3800 余万元；实施商业保险赔付之后，从 2011 年至 2014 年仅 4 年时间，保险公司已赔偿超过 5500 余万元。二是调查及时，损失评估更加准确。由保险公司开展调查、评估工作，避免了过去调查不及时和多报、重报损失的情况。三是理赔迅速，受灾群众及时获得赔偿。政府补偿一般在下一年度兑现。购买保险后，保险公司根据群众报案及时查勘、定损和理赔，受灾群众能够在受灾后的下月或下一季度获得赔款，大大缩短了理赔时间。

2014年10月，在云南保监局大力推动下，云南省财政厅、林业厅共同筹集野生动物公众责任保险补助资金5200万元，在云南全省16个州市开展野生动物肇事公众责任保险工作，由此实现了野生动物公众责任保险在全省的全覆盖。

3.陕西主动对接脱贫攻坚多元化民生保险需求

陕西省作为西部重要省份，共有56个国家扶贫开发工作重点县和片区县、316万贫困人口，脱贫攻坚任务十分艰巨。近年来，陕西保险业立足省情，精准发力，主动对接脱贫攻坚多元化保险需求，积极探索构建大病保险、惠农扶贫、民生扶贫、产业扶贫"四位一体"扶贫网，提高贫困人口抵御重大疾病、自然灾害、意外风险和自我发展能力，取得积极成效。其中，在民生扶贫方面主要采取了以下举措。

一是积极推进农村小额人身保险业务。针对农村贫困人口较多、医疗条件较差等现状，从2009年开始试点推出农村小额人身保险，每人每年只需缴纳20元保费，既承担因意外而导致的身故、伤残、住院等保险责任，也承担门诊治疗、疾病身故等保险责任，基本涵盖因意外而导致的所有风险及除人为故意因素之外的全部身故风险。试点6年多来，已在全省10个地市全面推广，为全省1441万农村居民提供1400亿元风险保障。

二是持续推动农村住房保险发展。陕西保监局积极联合各级民政和财政部门，大力推动农村住房保险发展。对于农村五保户、低保户投保农房保险实行财政全额保费补贴。对于其他农户投保的农房保险，各级财政也给予不同额度补贴，例如商洛市、汉中市财政补贴保费50%，农户自行承担保费

50%。自 2009 年开办以来，陕西全省累计承保农房 286.87 万户，提供风险保障 232.92 亿元，共为近万农户支付赔款 3028.13 万元。2016 年，农房保险覆盖陕西所有镇（街道）和所有农村低保户。

三是推行一元民生保险。一元民生保险是"政府出资，保险赔付，个体受益"的全新救助模式，由政府民政部门作为投保人，以辖区内户籍人口每人每年缴纳一元保费的标准进行集中统一投保。投保后，辖区内户籍人口和暂住人口在一年内可以享受见义勇为救助责任保险和自然灾害公众责任保险两项保障，赔付限额 5.5 万元，包括死亡或者伤残理赔 5 万元、医疗理赔 5000 元。"一元民生保险"项目于 2013 年 12 月率先在铜川启动实施。目前，已在陕西全省 10 个地市全部推广，承保人数达到 835 万人，有效分担了当地政府的救济救助责任，实现了"低费率、广覆盖、高保障"。

四是试点精准扶贫一揽子保险计划。2016 年 3 月，人保财险为国家重点贫困县麟游县量身定制意外事故一揽子保险计划，由麟游县政府出资 70 万元设立专项基金，由县民政局作为投保人，通过政府采购方式，为城乡居民办理意外伤害和身故一揽子保险计划，用以完善全县民众的风险保障，保费从常规的每人 500 元试降到 8 元，最高赔付 5 万元，让麟游县在经济不富裕的情况下也可以享受到保险兜底服务。一揽子保险计划的实施将无缝隙保护麟游县城乡居民，规避他们在脱贫路上的所有风险。

链接

陕西铜川"一元民生保险"入国考模拟题

2013 年 12 月 25 日，国家公务员考试网出现这样一道模拟考题："近日，陕西省铜川市推出'一元民生保险'。在保险期内，被保险人因见义勇为或自然灾害导致死亡的，每人赔偿 5.5 万元，对此你怎么看？"对于这道试题，国家公务员考试网给出的参考答案是：俗话说"天有不测风云，人有旦夕祸福"，生活中总有许多我们意料不到的事情。一元钱就能买保险简直有点天方夜谭，而在铜川却出现这样一个险种。推出一元民生保险，是一件惠民利民的大好事，值得社会广泛鼓励和大力推广。一个地方政府的惠民举措能作为一道国家公务员考试的模拟题，这在铜川市的历史上还是第一次。

2013年12月5日，铜川市审议通过《铜川市一元民生保险实施方案》，决定由政府出资，为辖区内所有户籍和暂住人口按每人每年一元的标准缴纳保费，集中统一在人保财险铜川分公司进行投保，内容包括见义勇为救助责任保险和自然灾害公众责任保险两项服务。其中，见义勇为救助责任保险指自然人因见义勇为导致伤残或死亡的，由保险公司按照保险合同约定负责赔偿；自然灾害公众责任保险指自然人因自然灾害或抢险救灾导致伤残或死亡的，由保险公司按照保险合同约定负责赔偿。承担保险责任的自然灾害包括暴风、暴雨、崖崩、雷击、洪水、龙卷风、飑线、台风、海啸、泥石流、突发性滑坡、冰雹。

2013年12月30日，以区县为单位的一元民生保险保费全部打入人保财险铜川分公司各区县公司的账户。888548份铜川市一元民生保险在2014年元旦生效，全市5个区县共为847252名常住人口和41296名暂住人口办理了一元民生保险。

4. 国元保险精准对接民生保险服务需求

国元农业保险公司是一家总部设在安徽的专业农险公司。安徽省有400多万贫困人口，居全国第8位，贫困发生率高于全国平均水平。近年来，为深入贯彻落实中国保监会和安徽省委、省政府关于脱贫攻坚的决策部署，国元保险发挥专业农险公司的优势和作用，围绕主动、精准、创新等要求，在助推脱贫攻坚方面做了积极探索，在精准对接民生保险服务需求方面涌现出一批经典案例，取得了明显成效。

一是承办山区库区农村住房保险。山区库区农村住房保险是安徽省的民生工程，开办的目的之一就是防止农户因灾倒房致贫返贫。国元保险通过招标成为山区库区农房保险的服务商。2014 年至 2015 年，共承保农户 355 万户次，赔付金额为 3600 万元，平均每户赔付 3000 元。五保户、低保户、贫困残疾人等农村困难群众的住房出险率较高，约占总量的 10%。国元保险坚持向这 3 类人员实施政策倾斜，按照其房屋结构及实际损失状况，在统一理算标准的前提下，理赔金额一律上浮 20%，达到了政府放心、农民拥护、灾户受益的效果。

二是在合肥参与经办五保供养对象长期医疗护理保险。为五保供养对象提供长期医疗护理保险，是合肥市政府自 2013 年 7 月起实施的一项民生工程，保障范围是合肥市区、肥东、肥西、长丰、巢湖、庐江所属全部五保供养对象。合肥市政府为五保供养对象每人每年缴纳保险费 150 元，保障内容包括：意外身故保险金额 6.3 万元 / 人、意外伤残最高保额 6.3 万元 / 人、疾病或意外住院医疗护理津贴 126 元 / 天 / 人。国元保险参与了合肥市五保供养对象长期医疗护理保险的经办，两年累计支付赔款 1611 万元，共有 1.6 万贫困五保户受益。

三是在铜陵参与民生工程保险。国元保险铜陵中支公司积极参与该市地方民生工程保险，为全市居民提供意外保险服务。自 2013 年开办至今，民生工程保险 3 年共收取保费 946.68 万元，已赔付案件 47 笔，累计支付赔款金额 784 万元。2015 年赔付案件 15 件，支付赔款金额 263 万元，其中意外溺水案件 14 件、火灾案件 1 件，另外还有 7 件正在调查处理、收集赔付资料过程中，涉案金额 159 万元。赔付对象中有农村贫困人员家庭，由于政府投保、家庭受益，获得赔付的农户家庭得到了实实在在的利益。

四是积极参与光伏发电扶贫项目。按现有政策，光伏发电项目每户共投入 2.4 万元，政府补贴 1.6 万元，农户自交 8000 元。国元保险安庆公司目前扶贫的是潜山县槎水镇的万全村、乐明村，为解决该项扶贫农户自交费用，公司采取的主要措施是给予适当的补贴。另外，该公司成立领导小组，党员带头，责任到人，实行一对一帮扶、专款专用，帮助贫困户参与光伏发电创收，促进农业生产发展。

（四）创新支农融资方式

近年来，中国保险业充分发挥保险的信用增信功能，积极争取政策支持，创新服务模式，通过小额贷款保证保险、保单质押等方式，有效缓解贫困地区农户和企业的融资难、融资贵问题，促进了贫困地区金融生态的改善。其中，在小额贷款保证保险方面，截至 2015 年年底，全国已有 25 个省市、73 个地级市（区）相继开展小贷险试点，14 个省市以省市政府名义出台了小贷险业务指导性文件，全国小额贷款保证保险为 54.7 万家小微企业和"三农"企业提供增信服务，保费收入 120.19 亿元，协助获得银行融资 1015.6 亿元。同时，保险业还积极创新保险资金运用形式，积极争取财政税收等政策支持，加大保险资金参与贫困地区基础设施建设、保障性住房及危房改造等安居工程建设的力度，促进贫困地区的产业结构调整，更好发挥保险资金在服务贫困地区经济转型升级、改善民生等方面的积极作用。

1. 吉林省积极发展保险增信业务

近年来，吉林省遵循"造血"式扶贫开发思路，积极推进金融扶贫、旅游扶贫、移民扶贫、生态扶贫、职业教育扶贫、企业带动扶贫等十大扶贫工程，切实补齐全面建成小康社会的这块短板，以产业发展带动区域致富，为贫困地区的经济发展注入内生动力，贫困地区的生产总值增幅、全口径财政收入增幅、农村居民人均纯收入增速均高于全省平均水平。在这一过程中，为解决贫困户信用缺失、贷款难问题，保险业积极发展各类保险增信业务，不断提高贫困地区农户和企业的融资能力，为顺利实施"造血"式扶贫提供了助力。

一是试点土地收益贷款保证保险。2014 年以来，吉林省保险业推动政府、银行、保险三方合作，试点开办以土地经营权流转为基础、以农民土地未来收益作保证的土地收益贷款保证保险，扩大农业贷款抵质押担保物范围。操作方法是：保险公司以农户为被保险人向银行出具土地收益贷款保证保险单，与物权融资公司共同为农户以逾期未能履行还款义务为保险责任向贷款银行提供保险保障，贷款银行按照约定的贷款利率，向农户发放贷款。保险期限与贷款期限保持一致，一般不超过 3 年，保险金额通常在 10 万—300 万元，最高不超过 300 万元。平均费率 1.4%，加上银行利息，融资成本一般不超过 9%，明显低于其他融资方式。试点期间，人保财险累计承保 24 笔，保费收入 12.17 万元，帮助农民取得贷款 854.79 万元，农民贷款放大效应约为 70 倍。华安财险累计服务农户 330 余户，发放助农贷款 1200 余万元，收取保费约 30 万元。土地收益贷款保证保险突破了长期以来农村金融抵押物缺乏的制约，解决了农户在种植周期之初购买农资、流转土地、准备农业生产时资金匮乏的难题，缓解了农民融资难、融资贵。

二是大力发展小额贷款类增信保险。2012 年 7 月 31 日，吉林省政府印发《关于进一步强化金融服务小型微型企业发展的指导意见》，强调发挥小额贷款保证保险作用，拓宽小微企业获得融资支持的渠道。根据这一要求，近年来，吉林省积极探索"保险＋银行"扶贫形式，即银行为贫困地区产业发展提供贷款资金服务，保险公司为贷款资金提供风险保障，承保贷款保证保险产品，确保资金扶持及时到位，将"输血"式扶贫转变为"造血"式扶贫。与此同时，吉林省保险业还大力发展小额贷款人身保险，2015 年共为全省 3364 人次提供借款人保证保险和借款人意外伤害保险，风险保障总额 1.19 亿元，通过分散和化解贫困农户因意外伤害引起的致贫返贫风险提升信用水平。

三是创新发展特色险种破解融资难。延边黄牛是我国五大地方良种牛之一，但多年来养殖户融资难问题一直无法解决。2015 年，延边州创新开展黄牛活体加保险单抵押贷款试点，通过引入保险产品有效化解动物活体在生物学流失和资产锁定上难以控制带来的风险，为破解养殖户融资困境提供了一条新途径。试点的主要做法是：由延边州政府统一协调，畜牧局、保险公司、银行建立保险和保单抵押融资联动工作机制，保险公司和银行分别设计保险和融资产品，通过保险单和延边黄牛活体进入工商登记备案形成信誉，并由邮政储蓄银行进行贷款支持。2015 年，保险公司共承保延边黄牛26297头，提供保险保障1.17亿元。按保险金额80%计算，可贷款融资9387万元，有效促进了延边黄牛产业化发展。吉林省委常委、延边州委书记张安顺批示："延边黄牛政策性保险融资是个突破，要切实抓好试点"。

2. 江西省开展油茶贷保险业务

茶油具有很高的营养价值和保健功能，被誉为"东方橄榄油"，市场潜力巨大。江西是我国油茶的主产区，种植面积和产量均列全国第二。尤其是位于江西南部的赣州，阳光、土壤、温度皆很适宜，是油茶高产的中心地带。江西现有油茶种植面积1300万亩，其中高产油茶330万亩，初步规划到2020年新增高产油茶面积370万亩。发展油茶产业需要大量资金，今后几年总体融资需求约200亿元。然而，担保难一直是制约农村尤其是贫困地区融资的瓶颈，尤其是在赣南原中央苏区县和罗霄山脉集中连片扶贫开发地区。2015年全国"两会"期间，赣南兴国105岁的老红军王承登在写给国家领导人的信件中提出："希望国家加大对赣南油茶等扶贫产业的支持"。国家领导人在参加江西代表团审议时，要求国家有关部委深入调研扶持赣南油茶产业发展。江西油茶业发展一时间成为社会关注的热点。

农行江西分行在详细调查了油茶产业发展和金融支持的现状、存在的主要问题后发现，油茶树是长寿树种，油茶新栽种前5年没有收益，第8年至第10年才进入盛产期，投资回收期为12至15年，经济寿命超过60年。然而，传统金融产品是标准化、通用化的，贷款期限与油茶投入产出期限错配，造成贷款准入难、使用难和抵押担保难，增加了承贷人的负担和信贷资金风险，金融支持介入程度很低。农行江西分行进一步认为，油茶稳产期长，一次投入、长期受益，是金融扶贫的可行产业，遂决定以油茶产业特色服务模式为先导，开展金融扶贫。

在农行江西分行决定开展油茶产业金融扶贫后，为了破解贫困农户担保抵押不足的困境，人保财险江西省分公司和农行通过保险产品和信贷产品的创新结合，全面开展油茶贷保险业务合作，将原本政策性保险每亩保险金额

800 元，通过商业保险将保额提到每亩最高 5800 元（1—5 年期最高保额达 3000 元/亩，6—8 年期可达 4000 元/亩，8 年以上盛果期可达 5000 元/亩），极大提升了农户的融资授信额度，基础费率也仅为 6‰。这种合作充分发挥了保险的风险保障和融资增信功能，实现了让利于"三农"，在满足农户从事油茶种植融资需求的同时，更好地满足了农户油茶种植的风险保障需要，提升了信贷支农和保险惠农政策投放的精准度，缓解了"三农"领域融资难、融资贵问题，扩大了金融在"三农"领域的覆盖面。

据初步统计，自 2015 年 11 月开办油茶保险以来，江西全省累计为 8555 亩油茶林提供保险保障 2131.84 万元，保费仅 10 万余元，平均用 1 元保费撬动了 200 元融资额度。

3. 宁夏开展政策性农险保单质押贷款

在农村贫困人口脱贫攻坚的道路上，缺乏有效抵押物、直接融资难是制约农户自主创业脱贫的主要问题，而农村金融落后、信用体系缺失又导致银行涉农信贷发放困难。为破解这一难题，宁夏保监局积极在辖区推动开展政策性农险保单质押贷款工作，农户通过政策性农险保单质押就可以直接完成贷款申请，有效降低了农业贷款门槛，丰富了贷款方式，简化了贷款环节。主要做法如下：

一是政府重视，政策支持。在宁夏保监局推动下，宁夏回族自治区政府办公厅于 2014 年印发《关于进一步推动金融服务"三农"发展的实施意见》，明确提出："加强涉农信贷与涉农保险合作，探索拓宽涉农保险保单质押范围"。此后，宁夏保监局与宁夏回族自治区金融工作局等单位联合印发《关于做好金融助推脱贫攻坚工作的指导意见》，也将"开展动物活体、种植收益权、农业保险保单等抵质押业务"作为拓宽扶贫融资渠道的重要手段。地方政府对运用政策性农险保单质押贷款工具助力脱贫攻坚高度重视，通过一系列文件给予政策支持。

二是保单质押，直接贷款。奶牛养殖是宁夏地方特色优势产业，但养殖户从购买奶牛到产生收益有一个持续投入饲养成本的周期，这中间资金需求就存在缺口。以往农户申请贷款需要固定资产抵押和担保人担保，门槛较高，审核较慢，手续烦琐，且额度有限。开展保单质押直接贷款，农户以保险机构出具的政策性农业保险保单作为抵押物，可以直接向银行申办保单保险金额70%额度的专项贷款，不再需要抵押物和担保人，门槛显著降低，贷款审核程序也大为简化，手续更加便捷。

三是直贷农户，精准扶贫。为推动保险助力脱贫攻坚工作的精准化，自2014年开始，宁夏保险业推出政策性农险保单质押贷款业务，至今累计通过保单质押方式为养殖农户发放贷款20644万元。例如，2015年11月，永宁县闽宁镇壹泰牧业有限公司为2500头基础母牛购买了保险，每头保费150元、保额2500元，通过向银川市农业开发投资有限公司提供基础母牛保单，并办理所属房产抵押手续，申请到了600万元贷款。2016年3月，宁夏保险业又在彭阳县面向建档立卡贫困养殖农户推出政策性农业保险保单质押贷款业务，以及农业专业合作社、家庭农场、种养殖大户贷款保证保险和政策性基础母牛保险保单质押保险，使保险真正成为服务脱贫攻坚、助力农业发展的"助推器"，保险的功能作用得到更大程度发挥和更广泛认可。

 案例　　　　宁夏彭阳试水农险保单质押贷款巧解农民之忧

　　　　宁夏彭阳县红河镇何塬村农民兰小会家的圈舍里只有20头牛，如果靠常规滚动发展成30头牛，少说也要两年时间，而如今兰小会达到这个目标只用了10多天。兰小会的买牛资金来源于彭阳县试水的宁夏首例保单质押涉农贷款。

　　　　山区养殖户圈舍里的牛基本都是靠贷款买进的。达到贷款的最高限度后，如果靠滚动发展，要扩大规模又没有资金，短期内就无法脱贫。针对这一问题，彭阳县在2016年年初提出一个大胆的设想：先让养殖户的牛入保险，利用保单质押的方式再给他们贷款。

根据政策性农业保险的相关规定，一头肉牛的保费是 300 元，其中财政补贴 80%，保额 5000 元。彭阳县和人保财险彭阳支公司据此商定，一头肉牛的保单，可以抵押 5000 元的贷款。兰小会家共有 20 头牛的保单，因此抵押贷款 10 万元。人保财险彭阳支公司还为兰小会提供担保，给他累计贷款 20 万元。

彭阳县的保单质押贷款将向种植户、合作社和家庭农场拓展。这种贷款模式降低了农业贷款门槛，简化了贷款环节。通过保单质押直接向银行贷款方式的环节更少、速度更快、成本更低。保险公司虽然没有从中获利，但扩大了影响力，农民购买涉农保险的积极性和购买力明显提升。

4. 人保集团推动小额信贷快速发展

近年来，人保集团积极推动农村融资模式创新，探索建立了以地方产业政策为导向、以政府风险补偿基金作担保、以银行贷款投入为基础、以保证保险为保障的"政银保"合作贷款模式，推动小额信贷快速发展，改"输血"式扶贫为"造血"式扶贫。开展的主要项目有：

一是甘肃陇西县"政银保"项目。该项目开办于 2013 年 9 月，已连续试点 3 年，形成较为完善的模式，即由陇西县政府出资 300 万元建立保障基金，保险费率为 2%，年计划融资 1 亿元。政府补贴主要通过贴息方式和中央、省、市专项财政对畜草产业的补贴。其中，人民银行对畜草产业贷款贴息 4 个点。截止到 2015 年年底，陇西县贷款保证保险累计支持放贷 1.59 亿元，3 年共计为 525 户农户提供保证保险。其中，2013 年放贷 3054 万元，为 172 户农户提供保证保险；2014 年放贷 5547 万元，为 183 户农户提供保证保险；2015 年放贷 7290 万元，为 170 户农户提供保证保险。截止到 2015 年年底，已经赔付 6 户，赔偿约 44.5 万元；有 3 户正在办理理赔手续、3 户正在收集理赔资料，预计理赔共计 12 万元。此外，逾期 170 万元，逾期 7 户。

二是浙江景宁扶贫小额贷款保证保险项目。2012 年，人保财险浙江分公司与当地政府和银行合作，针对景宁畲族自治县低收入农户开办了小额贷款项目保证保险业务。截至 2015 年年底，累计签单 3427 笔，涉及贷款金额 13107 万元，实现保费收入 226.04 万元，累计发生赔案 2 起。

三是江西赣州"金信保"扶贫贷款保证保险项目。人保财险信用保证保险事业部与赣州市政府、银行合作，开展赣州"金信保"扶贫贷款保证保险项目。该项目通过赣州市政府设立 10 亿元风险基金、人保财险提供贷款保证保险增信的方式撬动 80 亿元银行信贷，用于发展蔬菜、刺葡萄、茶叶、白莲、烟叶、生态鱼、甜叶菊、芳香苗木等地域特色明显、见效快、可持续的种养殖业及其他扶贫效果好的产业，带动贫困户尽快脱贫致富。

四是宁夏"安宁保"人身险组合产品项目。宁夏是全国脱贫攻坚的主战场之一，贫困地区占全区总面积的 65%。人保寿险宁夏分公司联合农行宁夏分行，结合当地居民生产生活实际情况，针对扶贫工作的难点和热点问题，推出"安宁保"项目。该项目由农村小额贷款借款人意外伤害保险、附加农村小额贷款借款人定期寿险（身故）、附加农村小额贷款借款人定期寿险（全残）组合而成，为广大农户提供身故、全残风险保障。人保寿险宁夏分公司简化理赔手续，普通案件 4 天结案、特殊案件 10 天结案，赢得当地贫困群众广泛认同。目前，已结付案件 383 笔、赔付金额 1300 万元。

（五）支持教育精准扶贫

"发展教育脱贫一批"是党中央、国务院"五个一批"扶贫工作的重要组成部分。近年来，保险业通过开办学贷险业务和捐资捐建等方式，积极支持贫困地区发展教育，助推教育精准扶贫，涌现出一批先进经验和典型。例如中国人寿长期支持贫困地区的教育事业，迄今在全国范围内捐建的中小学已达 69 所，并为 1101 位灾害致孤儿童提供基本生活保障；人保健康自 2009 年起参与由中国儿童少年基金会发起的"孤儿保障大行动"，联合多家公司承办全国孤儿重大疾病公益保险，为全国 57 万多名孤儿的大病医疗救助提供全新机制的保障；中国太平建立"官网扶贫助学系统"，动员全球各地集团员工参与"一对一"扶贫助学活动；太平洋保险自 2008 年启动"责任照亮未来"公益活动，通过援建学校、建爱心图书室、志愿支教、募捐等形式，帮助贫困地区学校改善硬件设施，提升素质教育水平；平安保险已累计在全国规划完成上百所平安希望小学，并给成千上万平安希望小学的学生颁发"中国平安希望奖学金"。

1. 华安财险创造性推出国家助学贷款信用保险

国家助学贷款是党中央、国务院利用金融手段，促进教育公平、保证贫困学生受教育机会的重要举措。然而，由于贷款违约率较高、风险较大，银行审慎参与，国家助学贷款面临推行难问题。为了解决这一问题，2006 年，华安财险在全球首次创造性推出国家助学贷款信用保险（以下简称"学贷险"），并在云南、重庆等地开展试点，运用风险管理专业优势，转移和承接贷款违约风险，解除银行后顾之忧，有效扩大了助学贷款发放范围，推动了国家助学贷款政策的顺利实施。

华安财险开展学贷险的主要做法如下：

一是创新保险产品，建立风险转移机制。学贷险是由银行向保险公司投保借款学生还款信用的保险。银行投保后，如果借款学生连续 3 个月或每累计 6 个月未完全履行还款义务，将由保险公司先行向银行赔付，然后再向违约学生追偿。假如因借款学生死亡或丧失劳动能力造成无法还款，保险公司会对贷款余额一次赔付并放弃追索权。保险承保期限为整个还款周期，最长可达 10 年以上。费率厘定坚持"保本微利"原则，年化费率不到 2%。保费全部由银行交纳，可从中央财政或省财政拨付的国家助学贷款风险补偿金中列支。

二是完善政策体系，建立银保合作、多方共管的助学贷款运行机制。中国人民银行在有关文件中要求银行加强与保险机构合作，探索将保险机制引入助学贷款业务。多个试点地区政府出台文件鼓励引入商业保险参与国家助学贷款，地方教育主管部门大力支持和推动，建立了银保密切合作、多方参与、优势互补、高效快捷的新型助学贷款合作模式。借款学生通过华安财险开发的助学贷款网站进行贷款申请；国家勤学贷款县资助中心或高校资助中心负责贷款资料收集和初审；银行负责受理贷款申请、审查审批及发放贷款，并对贷款集中投保学贷险；华安财险负责核保核赔、贷后管理及追欠追偿等工作。

三是发挥保险机构风险管理优势，防范化解违约风险。华安财险在对国家助学贷款风险长期研究和经验积累基础上，构建了一整套较为成熟的风控体系。其一，全程参与。贷前参与贷款审核，对"入口"风险直接把关；毕业前，组织学生开展还款确认、诚信教育、还款知识宣导以及信息更新等工作；进入还款期前，及时进行还款提醒服务；对逾期贷款通过信函、电话、短信、邮件、网络、同学、同乡等多种措施进行催收。其二，人才、技术保障。华安财险建立了一支具备专业风控技术的人才队伍，并专门开发了以学生信息管理和风险管控为核心的学贷险电子化管理平台。其三，专业化管理。华安财险总公司成立了专门的学贷险事业部，全国各地分公司成立了学贷险分部，总公司统一协调、集中管控和跟踪各地学生违约风险，并根据学生学习和工作区域分别指定分支机构开展属地管理，实现贷款地管理和就业地管理的无缝对接，有效降低追偿难度，节约追偿成本。

华安财险开展学贷险取得了积极成效。据不完全统计，自 2006 年到 2015 年年底，学贷险累计为 97.99 万笔贷款承担保障，贷款金额 48.34 亿元，帮助 44.36 万贫困学生圆了大学梦。学贷险已覆盖云南、重庆、黑龙江、福建等 14 个省市，合作高校达 400 余所。在帮助贫困学子通过贷款顺利完成学业的同时，学贷险累计向银行支付赔款 1.98 亿元，累计追收欠款 4.51 亿元，有效转移了商业银行的助学贷款违约风险。

华安财险黑龙江分公司发展学贷险，支持教育精准扶贫

为了支持教育精准扶贫，自 2007 年起，华安财险黑龙江分公司创新性开展学贷险业务，运用保险的风险管理专业优势，转移和承接贷款违约风险，有效扩大了助学贷款的发放范围，推动了国家教育脱贫政策的顺利实施。

华安财险黑龙江分公司推出的学贷险坚持"保本微利"原则。学贷险业务自 2007 年起开办，目前每名借款学生的年贷款额度为 8000——1.2 万元，贷款利率为人民银行同期基准贷款利率，最长贷款年限为 20 年，承保期限为整个还款周期。贷款分为就学地和生源地两种，对应费率分别为 10.4% 和 15%，年化费率最低分别为 0.52% 和 0.75%，保费从财政拨付的国家助学贷款风险补偿金中列支。

在业务开展过程中，华安财险黑龙江分公司注重与政府、银行、高校合作，构建齐抓共管、紧密衔接、高效快捷的新型助学贷款合作模式，负责其中的业务宣传、核保核赔、贷后管理及追欠追偿等工作，提供信用风险保障服务。与此同时，华安财险黑龙江分公司建立具备专业风控技术的人才队伍，开发了以学生信息管理和风险管控为核心的学贷险电子化管理平台，与高校、基层教育局等部门建立工作联络机制，构建了一整套风控体系，严控可能出现的各种风险。

自 2007 年开办学贷险业务至今，累计为 40 万人次近 20 亿元的国家助学贷款资金提供风险保障，向银行支付赔款 1800 万元，追收欠款 600 多万元，帮助 15 万名贫困学生圆了大学梦。其中，仅 2015 年当年就惠及贫困新生 2.7 万人，约占黑龙江省高校新生的 15%，支持发放国家助学贷款 2 亿元。

2. 阳光保险在贫困地区捐建博爱学校

阳光保险成立 10 多年来，积极投身各项公益事业，累计为公益慈善事业投入 1.1 亿元。为促进公益活动机制化、常态化，2009 年 3 月，阳光保险率先在行业内成立了全国性青年志愿者组织——阳光保险青年志愿者协会，注资成立了北京市阳光保险爱心基金会。依托爱心基金会这一平台，阳光保险陆续在全国诸多贫困地区开展小学援建和共建活动，帮助改善边远贫困地区校舍环境、教学条件。同时，通过设立各类奖学金鼓励孩子们努力学习、奋发图强，阳光保险的青年志愿者们定期到全国各地的博爱学校开展支教关爱活动，对博爱学校进行持续关注。

2014年1月22日，阳光人寿及公司营销员荣誉组织"阳光之星"共同发起成立了"阳光之星爱心基金"（隶属北京市阳光保险爱心基金会）。该基金由"阳光之星"成员每月捐赠10元钱、阳光人寿配捐10元钱形成，坚持弘扬"慈善为乐、大爱无求、善尽责任、共创和谐"的慈善精神，贯彻"善于助人、乐于奉献"的慈善理念，致力于改善贫困地区中小学办学条件、开展青少年教育活动以及其他公益慈善活动。"阳光之星爱心基金"成立后启动实施了"阳光之星爱心计划"，每年投入约200万元公益费用，用于捐建阳光之星博爱学校，并向捐建学校的孩子捐赠阳光跑鞋，支持边远地区贫困孩子的运动梦想。2014年启动至今，该基金已在全国范围内捐赠了14所学校。加之爱心基金会之前援建的学校，截至2016年10月，阳光保险已在湖南、贵州、四川、山东、福建、西藏、云南、广西、甘肃、重庆及辽宁等10多个省（自治区、直辖市）捐建了阳光保险博爱学校，惠及在校师生过万名。

2016年10月14日，由"阳光之星爱心计划"捐助的广西阳光之星博爱小学揭牌仪式在玉林市陆川县沙坡镇大连小学举行。这是阳光保险旗下"阳光之星爱心基金"成立以来捐建的第15所阳光之星博爱小学，也是阳光保险在全国范围内捐建的第37所博爱学校。活动当天，阳光保险向该学校一次性捐赠20万元爱心款，用于修建操场、校舍、食堂及各项功能室，改善学校办学环境和基础设施建设；同时，还捐赠了书包、文具等一批学习用品，每位在校学生还获得了由"阳光之星爱心计划"项目捐出的阳光跑鞋。

3. 华夏保险持续开展"点亮行动"和"圆梦行动"

华夏保险秉承"让华夏充满爱"的企业使命，自成立起便陆续启动多项扶贫救弱公益活动。在企业快速发展的同时，也始终不忘履行社会责任，坚持以"爱老慈幼"为公益重点，探索实践可持续发展的慈善模式，完成了具有华夏保险特色的公益战略布局。

2013年，华夏保险分别与中国青少年发展基金会和中国老龄事业发展基金会共同发起成立两支"华夏慈善基金"，用于青少年及老年人公益事业。在青少年公益方面，先后启动"点亮行动""圆梦行动"。其中，"点亮行动"为汶川、玉树、雅安、鲁甸等地震灾区孤儿提供资助直至其完成学业，"圆梦行动"连续3年累计资助全国百余省市近万名贫困儿童。在老年人公益方面，持续实施"重阳行动"，慰问全国百余城市空巢老人、残障老人、特困老人。2014年启动"致敬抗战老兵"大型公益活动以来，先后投入1700多万元，深入开展"一脉·1945"致敬抗战老兵等系列活动。全面启动资助建立抗战老兵照护中心，已落地10省，向入住照护中心的抗战老兵提供护理费用。2015年，在首都北京隆重举行纪念中国人民抗日战争暨世界反法西斯战争胜利70周年大阅兵前夕，为参加阅兵式的抗战老战士、老同志、支前英雄及其子女专门设计了"致敬抗战老兵"综合保障计划，累计保额达1.2亿元，阅兵联合指挥部授予华夏保险、华夏慈善基金表彰牌匾。2015年"致敬抗战老兵"大型公益活动，入围民政部第九届"中华慈善奖"最具影响力慈善项目。

助推教育精准扶贫，是华夏保险"爱老慈幼"活动的重点之一。多年来，华夏保险以"点亮行动""圆梦行动"等公益活动为平台，持续推动开展教育扶贫工作。例如：在江苏启动"华夏栋梁助学计划"，捐助南京梅园中学"周恩来爱心班"的学生，帮助他们完成学业，直至大学毕业，成为未来的华夏栋梁之材；在河南实施对贫困大学生的资助行动，资助他们大学期间的全额学费，并提供实习机会，与学校和社会一道承担培养人才的责任；在北京组织爱心团队向太阳村特殊儿童救助研究中心的孩子们送去温暖和关怀，长期关注太阳村孩子们的健康成长；在四川汶川启动"华夏人寿长期资助汶川地震孤儿计划"，通过长期资助及成长关爱活动帮助汶川地震孤儿完成学业；在安徽向 2016 年遭遇严重洪涝灾害的石台县、阜阳市颍东区捐赠首批 30 万元助学费用，帮助灾区贫困生圆梦大学。

2016 年 6 月 1 日，华夏保险为响应国家精准扶贫政策号召，在全国各地同步启动"圆梦行动"，发动全国 151 家机构，动员招募爱心人士 777 人，共同组成"圆梦"志愿队伍，寻找、探访了 1500 余位贫困儿童。除了给孩子们送去爱心物资，华夏保险还希望通过个性化、点穴式帮扶，圆孩子们心中一个小小梦想。华夏保险此次"圆梦行动"所帮扶的儿童，均来自家庭收入处于当地贫困线以下或为当地低保户的家庭。为实现帮扶"精准"，华夏保险在活动前期发动全国分支机构开展深度调研，对于待探访贫困儿童个人情况进行收集上报，审批后方可实施帮扶，确保资源集中。此外，"圆梦"志愿队伍还将采用"点对点""一对一""多对一"方式，收集贫困儿童梦想，因地制宜、因户而异、因人而异地让孩子们感受到关爱。华夏保险此次"圆梦行动"得到了全国 234 家保险监管机构、民政局、社会组织的大力支持。山东、云南、河北、湖南、内蒙古等分公司携手山东省慈善总会、云南保监局、河北省慈善总会、内蒙古保险行业协会等慈善机构，共同开展了大型走访慰问行动。9 月 30 日，《中国保监会简报》详尽介绍了华夏保险山东分公司助推脱贫攻坚、积极探索农村留守儿童保障新方式的经验做法。以整篇简报的形式，集中推广一家保险公司的精准扶贫先进经验，对这份面向中央国家机关有关部门、各省区市政府、金融办、各级保险监管部门、保险行业协会的简报来说，并不多见。伴随着公司业务发展和价值升级，华夏公益慈善事业也正在成为行业典范和标杆。

4. 中国保险学会等机构发起设立保险扶贫爱心基金

为了响应习近平总书记关于"扶贫先扶智，绝不能让贫困家庭的孩子输在起跑线上"的要求，中国保险学会、中国保险报社、天安人寿保险公司、永达理保险经纪有限公司等机构共同发起成立"善行天下·保险扶贫"爱心基金。爱心基金定位于精准扶贫，特别是教育扶贫，目前已募集 120 万元，将精准投向大别山革命老区的教育扶贫对象。

2016 年 8 月 21 日，"善行天下·保险扶贫"爱心基金启动暨 2016 年捐资助学活动在湖北大别山革命老区武穴市举行。北京大学党委常务副书记、纪委书记于鸿君，武穴市委书记郝胜勇、市长李新桥，中国保险学会会长姚庆海，中国保险报业股份有限公司董事长赵健，永达理保险经纪有限公司董事长吴永先，天安人寿保险公司副总经理张连庆等人参加了仪式。武穴市的 250 名贫困学生、20 名乡村教师现场接受了爱心基金首次 61 万元捐赠。中国保险学会会长姚庆海在捐赠仪式上表示，通过保险市场化机制进行扶贫，有助于提高扶贫开发的科学性、精准性，更大范围内实现扶贫开发资源的优化配置。

武穴市受 2016 年 6 月份以来暴雨袭击影响，江河湖圩险情频发，全市受灾人口 27.38 万人，农作物受灾面积 3.23 万公顷，倒损房屋 850 间，直接经济损失 16.67 亿元。因洪涝灾害，部分学校校舍成为危房，部分家庭因灾致贫，孩子的教育支出遇到很大困难。爱心基金此次在武穴主要捐助 4 类对象：一是因洪灾造成的家庭贫苦学生(不含大学生)50 名，每名学生 2000 元；二是家庭贫困的大学新生 50 名，每名学生 3000 元；三是家庭贫困、品学兼优的小学生、初中生、高中生(含中职生) 各 50 名，每名学生每年 2000 元；四是扎根农村、生活拮据的优秀教师 20 名，每人 3000 元。

在爱心基金启动暨捐资助学活动现场，还宣读了关于成立"善行天下·保险扶贫"爱心基金会的倡议书，倡议保险企业积极参与到保险扶贫中来。"善行天下·保险扶贫"爱心基金成立后，从 2017 年开始，将面向革命老区继续开展捐资助学活动，长期资助贫困师生，并进行特色教育项目资助。

三、积极承担定点扶贫工作任务

保险业是定点扶贫工作的重要力量。根据党中央、国务院有关定点扶贫工作要求，近年来，中国保监会及其派出机构、各保险公司特别是国有保险公司，积极响应党中央、国务院号召，以高度的政治责任感，积极主动承担基层挂职和定点扶贫任务，较好履行了应尽的各项定点扶贫工作职责。

（一）保险监管机构积极开展定点扶贫工作

2002 年，中国保监会机关与内蒙古乌兰察布市察右中旗和察右后旗结成定点帮扶对子。14 年来，中国保监会一直把定点扶贫作为一项重要政治工作来抓，充分发挥行业优势，通过推动基础设施建设、产业发展、保险扶贫和信息化建设等进行重点帮扶，提高了当地农牧业的"造血"能力和贫困群众的保障水平，减少了因病因灾返贫现象的发生。2015 年，中国保监会进一步通过投入扶贫资金、选派优秀干部驻村挂职、开展调研等方式，积极开展定点扶贫工作。一是投入扶贫资金。根据两旗报送的年度扶贫开发项目，中国保监会全年共投入扶贫资金 140 万元，其中 60 万元用于支持新农村建设、20 万元用于为察右后旗农村学生办理学生平安险补贴、40 万元用于生猪养殖项目补贴、20 万元用于开展春节"送温暖"活动。二是选派优秀干部到定点村任第一书记。中国保监会经过认真筛选，确定两名青年干部，分别派驻两个定点帮扶村任第一书记，推动精准扶贫工作，并监管扶贫资金落实情况。三是组织开展调研。2015 年 11 月，中国保监会组建扶贫工作调研小组，前往定点扶贫村开展调研，进一步了解两个帮扶村的情况，对中国保监会参与的扶贫项目和投入的扶贫资金进行督导，为今后扶贫工作的科学、持续开展打下坚实的基础。

根据青海省委、省政府的精准扶贫工作安排，青海保监局对口帮扶海北州刚察县泉吉乡年乃索麻村。青海保监局党委对此项工作高度重视，专门成立精准扶贫工作领导小组，选派有一定工作经验、政治觉悟高、责任心强的同志驻村工作，承担具体帮扶工作，并制定了帮扶工作方案和任务分解表，确保帮扶工作有序开展。驻村干部自 2015 年 10 月进驻年乃索麻村以来，认真做好调查摸底，精准识别贫困户，配合乡政府做好一户一策扶贫方案，同时协调行业单位向泉吉乡捐助资金 25 万元，用于帮助困难农牧民解决住房问题。针对 2015 年年底，年乃索麻村村民冶学峰大量羊只坠入河中淹死的突发事件，扶贫工作队倡议全局干部捐款近5000元，并及时送到受灾户手中，为其缓解了燃眉之急。另外，青海保监局经认真研究，确定为年乃索麻村捐赠15台电脑设备，用于建设村民文化站，提升农牧区群众知识水平，拓宽眼界。

近年来，西藏保监局在定点扶贫工作中突出驻村工作的载体作用，以驻村工作为载体，为定点村庄昌都地区察雅县烟多镇中铝新村群众多方寻找致富门路，以推动项目为重点，积极带动村民脱贫致富。一是加强教育脱贫。西藏保监局党委积极协调500万元援藏资金，专门用于察雅县教育事业，解决农牧民群众孩子上学硬件不足的问题。其中，380万元用于新建察雅县小学食堂，100万元用于新建瓦西小学教学综合办公楼，20万元用于达郎村教学点房屋改造。二是建设生态公益林。针对西藏生态环境脆弱的实际，扶贫工作队申请立项建设生态公益林项目。中铝新村村民除获得生态公益林补偿外，还可从公益林种植、管护工作中直接增加现金收入。2015年，已向村民发放劳务收入共计43万元。三是发展多元化养殖产业。中铝新村发展藏香猪、藏香鸡养殖业的条件得天独厚，区域比较优势明显。为此，在2015年多方筹集资金70余万元，推动中铝新村壮大藏香猪产业，并在德松大桥建立藏香鸡养殖场，全年分别为村民创造收入15万元和20万元。此外，还帮助定点村加快发展种植业，增加村民收入；改造简易村道，解决大雨期间泥石流冲垮村道的问题。

（二）中国人保积极落实定点扶贫责任

根据国务院扶贫办的统一安排，中国人民保险集团承担江西乐安、吉安，黑龙江桦川，陕西留坝4个县的定点扶贫任务。接到定点扶贫工作任务后，为提升公司参加扶贫建设的工作质量和水平，构建良好的扶贫机制，中国人保于2012年11月专门成立定点扶贫工作领导小组，加强对定点扶贫工作的领导。集团办公室值班室／信息调研处（扶贫办）作为中国人保定点扶贫工作领导小组办事机构，具体承担日常工作。

集团办公室值班室／信息调研处（扶贫办）积极牵头完善本系统扶贫工

作机制，健全相关制度，明确了"集团公司统筹协调，人保财险具体组织实施，各子公司积极参与配合，共同承担社会责任"的工作原则。印发《定点扶贫工作管理办法》，对定点扶贫工作的指导思想、基本原则、领导机构、工作任务、干部管理、资金使用、督导协调、反馈评估等作出全面规定，为新时期中国人保定点扶贫工作有力、有序、有效开展提供了制度保障，使中国人保定点扶贫工作走上一条依制扶贫、规范管理的道路。

中国人保认真贯彻落实国务院扶贫办2012年《关于做好新一轮中央、国家机关和有关单位定点扶贫工作的通知》精神，研究确定了推动干部、资金、工作"三落实、三到位"的总体工作要求，即扶贫干部及早赴任到位、扶贫资金落实拨付到位、扶贫工作深入开展到位，并提出"特色产业扶贫、公益扶贫和保险扶贫"的扶贫项目工作思路。其中，特色产业扶贫是结合定点扶贫县实际情况，通过扶贫资金投入，建设对贫困地区、贫困人口有辐射带动作用的项目，让贫困群众尽快脱贫致富，增强自身发展能力；公益扶贫是通过投资教育、养老、卫生等公益项目，改善扶贫县公益基础设施，改善当地人民的教育、医疗条件；保险扶贫是突显保险扶贫特色，发挥保险职能，通过开展保险项目资金补贴实施保险扶贫，放大扶贫效益，防止当地农民因灾致贫、因灾返贫。

在多年的定点扶贫实践中，中国人保不断完善扶贫管理机制，加强整体沟通协调，充分发挥中国人保在当地机构网络的支撑作用和既往积累的经验优势，创新举措，真抓实干，做到扶贫资金使用有成效、扶贫项目进展有成果、扶贫工作有特色。定点扶贫工作得到了国务院扶贫办、地方政府和当地群众的肯定和赞誉，进一步增强了分支机构与当地政府的合作力度，反哺分支机构业务发展，中国人保积极履行社会责任、热心公益建设的品牌形象也进一步提升。

2014年2月，国务院扶贫开发领导小组表彰了一批在国家定点扶贫工作中作出突出贡献的集体和个人。中国人保集团办公室值班室/信息调研处（扶贫办）在310余家参评的中央国家机关和有关单位中成绩显著，荣获先进集体称号。这是《中国农村扶贫开发纲要(2011—2020 年)》颁布实施以来，中国人保首次获得的扶贫工作国家级奖励，也是党中央、国务院对中国人保多年来积极履行社会责任、开展定点扶贫工作的肯定和认同。

（三）中国人寿在 4 个定点扶贫县开展扶贫工作

2012 年，中国人寿保险（集团）公司新一轮定点帮扶单位确定为湖北省郧西县和广西壮族自治区天等县、龙州县 3 个定点扶贫县。2015 年，新增湖北省丹江口市（县级市）作为第四个定点扶贫县。4 年来，中国人寿认真贯彻中央决策部署，积极开展工作，努力为贫困地区和贫困群众办实事、办好事，定点扶贫工作不断深入，成效日益显著。

一是不断加强领导力量。中国人寿党委高度重视扶贫工作，多次召开定点扶贫工作专题会议，研究扶贫总体工作思路，确定了"科学高效筹划、贴近实际需要、着眼持续发展"的扶贫总体思路，并成立了以杨明生董事长为组长的定点扶贫工作领导小组，各直属单位也相继成立定点扶贫工作领导小组和办公室。

二是不断加大帮扶力度。自 2012 年 12 月接受新一轮定点帮扶结对关系以来，先后投入扶贫资金 2015 万元。其中，在广西龙州县投入 655 万元，在广西天等县投入 660 万元，在湖北郧西县投入 700 万元。4 年来，共为 4 个定点扶贫县的 9 万名外出务工人员购买了意外伤害保险，为 3.5 万名边民和 17 万名农民购买了农村小额人身保险，保额最高可获赔 46 万元，共计保障 33.5 万人脱贫受益。自 2016 年起，定点扶贫资金额度进一步提高，4 个定点扶贫县每县每年 400 万元，合计每年扶贫资金 1600 万元。

三是不断创新扶贫举措。结合当地实际，推出外出务工人员意外伤害保险、边境村民意外伤害保险、农村小额人身保险、边境贸易支持、抵押贷款履约保证保险项目，解决贫困群众因病因灾致贫返贫问题，推动保险扶贫。在 3 个定点扶贫县投入 412 万元，用于 1 所幼儿园、4 所小学、1 所中学的校舍建造以及体育场馆改造，并更新扩充教学设施，有效解决学校校舍简陋、体育场馆不完善、教学设施短缺等问题，推动教育扶贫。在 3 个定点扶贫县投入 400 万元，扶持天等县驮堪乡开展南岭村综合农业合作社、火龙果种植产业项目、现代特色农业（核心）示范区辣椒博览园建设项目，扶持龙州县板其屯"壮族民俗旅游村"配套基础设施建设项目、武德乡告内屯生态农业项目、武德乡科甲村种桑养蚕项目、彬桥乡山中峰养殖项目和边贸产业贷款贴息，推动特色产业扶贫。投资 70 万元帮助郧西县 3 个贫困村架起联结外界的桥梁，投资 70 万元帮助郧西县 3 个乡镇的中心福利院搞好配套建设，推动基础设施建设扶贫。把"互联网+"这一新经济形态引入定点扶贫地区，依托电子商务推动贫困地区特色产业发展，帮助贫困农民创业就业和增收致富，推动电商扶贫。

四是不断完善帮扶机制。中国人寿及在京直属单位每年轮流派出扶贫干部，先后派出 7 名优秀干部赴定点扶贫县挂职锻炼，每批次挂职期限 2 年，对挂职干部实施跟踪指导。高度重视扶贫项目的立项工作，形成一套严密的年度扶贫项目立项审议程序，确保扶贫项目符合当地实际。完善扶贫资金拨付机制，相关扶贫资金纳入中国人寿慈善基金会预算中，在扶贫项目立项后尽快将资金拨付到位。

五是不断扩大社会影响。邀请中国人寿形象代言人姚明到天等县开展与篮球有关的公益活动，为留守儿童在身心、学习、生活等多方面提供支持与援助。根据贫困县群众的实际需求，发动在京各成员单位总部员工向贫困地区的学校、福利院开展"献爱心、送温暖"活动，为定点扶贫县学校学生和五保老人筹集电脑、衣物、书籍、文体用品等一大批当地急需的扶贫物资。

链接

中国人寿组织开展定点扶贫爱心捐赠活动

2015 年，中国人寿保险（集团）公司在全系统组织开展定点扶贫爱心捐赠活动，成立了以张响贤副总裁任组长、崔兰琴副总裁任副组长的领导小组，负责安排指导相关工作。在集团公司的统一部署下，在京各成员单位总部员工热情响应，短时间内就募集到电脑、衣物、书籍、文体用品等一大批当地急需的扶贫物资，并分别送到湖北郧西县、广西龙州县和天等县等对口定点扶贫点，受到当地政府和群众的赞誉和好评。

2015 年 4 月 29 日上午，中国人寿爱心捐赠仪式在湖北省郧西县土门镇中心小学举行。郧西县政府、教育局、扶贫办，土门镇领导以及土门镇中心小学师生，中国人寿郧西县支公司与受捐单位领导共 150 多人参加。受县委、县政府委托，郧西县委常委、宣传部部长，县总工会主席王丽嫒参加捐赠仪式并讲话，称这次捐赠活动"是一项得民心、顺民意、暖人心的工程"。随后，捐赠物资被发放到郧西县的 8 个乡镇和 10 所学校，为帮助当地群众解决实际困难、加强体育锻炼、丰富业余生活起到了积极促进作用。

2015 年 5 月 5 日、13 日，中国人寿分别在广西天等县青少年学生校外活动中心、广西龙州县第一中学举行爱心物资捐赠仪式，当地政府及相关机构领导出席了活动。活动后随即对物资进行了组织发放。

此次扶贫捐赠活动是中国人寿积极响应国家号召、履行社会责任、创新扶贫工作的一项举措，也是中国人寿近年来在定点扶贫捐赠方面参与人员最广、捐赠物资最多的一次。据了解，此次爱心捐赠活动从总部员工募集到的捐赠物资包括笔记本电脑 200 台、衣物 2440 件、书籍 2343 册、儿童玩具 318 件。此外，中国人寿还为定点扶贫县购置足球 200 个、篮球 200 个、乒乓球台 20 个、乒乓球拍 200 副、乒乓球 400 个、羽毛球拍 200 副、羽毛球 400 个。

（四）中国太平帮助扶贫点贫困群众脱贫致富

2012 年以来，根据国务院扶贫办的统一部署，中国太平保险集团在甘肃省两当县、安徽省六安市裕安区两个革命老区开展定点扶贫工作。4 年多来，中国太平怀着对老区人民的深厚感情，积极在支持扶贫点经济发展、促进民生改善、带领群众脱贫致富方面发挥作用，受到了定点帮扶对象的一致好评。2016年9月，为响应国家西部大开发和"一带一路"战略，中国太平与云南省政府开展战略合作，主动将保险助推云南省脱贫攻坚作为战略合作内容之一，并确定云南省贫困县——威信县作为中国太平第三个定点帮扶对象，进一步体现了中国太平自我加压，主动服务国家脱贫攻坚战略的使命感和责任感。中国太平开展定点扶贫工作的主要做法如下：

一是选派干部挂职，深入基层定点帮扶。截至目前，已经开展了两轮挂职扶贫干部的选拔工作，6名挂职扶贫干部、2名村第一书记人选前往两当县和裕安区挂职扶贫。挂职干部积极统筹帮扶资源、整合帮扶力量，帮助贫困地区解决生产生活中的困难和问题。2015年，派驻六安市裕安区的挂职扶贫干部从安徽省水利厅为当地争取到90万元专项水利建设资金，用于排灌设施维修。

二是援建基础设施，帮助改善生活条件。每年从预算中拨付专门资金，帮助对口帮扶的甘肃两当县、安徽六安市裕安区等地建设新村、筑桥修路，改善当地生活条件。在两当县，2013年，中国太平为金洞乡援建了一座便民"太平桥"，彻底解决了全村7个组204户800多人的"出行难"问题；2016年，为杨家乡石马村的71户村民进行厕所、灶台、卫生间改造建设，为74户农户安装太阳能热水器，改善其生活及卫生条件。在裕安区，2013年，为康家埠村建设了一座拦水坝，解决了裕安区6个村民组1100亩基本农田的农业灌溉用水问题、60多户村民的就业问题，受益人口近2600人；2015年，又在该区投入80万元扶贫资金建设了石板冲河小堰段综合治理工程，该项工程可灌溉当地1.6万亩农田，保护2个乡镇的1.5万人口免受洪灾威胁。

三是支持经济建设，促进"造血"式发展。其一，积极参与招商引资。2013年11月中旬，中国太平在上海为甘肃两当县的29名党政干部举办了为期一周的高质量培训班。同时，广泛发动系统干部职工为贫困地区招商引资牵线搭桥，2013年成功地为裕安区引进了一家总投资约1.5亿元的木地板加工企业。其二，加强对外宣传推介。2014年年初，联系《21世纪经济报道》，以两个整版篇幅对两当县和裕安区分别进行了免费推介，使更多人对当地风土人情、产品资源有了深入认识和了解。协调当地政府与众筹网、优秀网店等合作，建立义买平台，面向集团员工销售产品，动员中国太平员工积极购买，以实际行动帮助贫困户脱贫致富。其三，支持群众增加收入。对裕安区东庙村投入70万元建设村级光伏电站。目前，发电回收每度电约1元，全年可发电6万度，创造经济收入约6万元。同时，帮助贫困户修建光伏设施发电，每户每年可以增加经济收入3000元。其四，解决就业问题。要求当地分公司利用下岗再就业技能培训平台，面向失业人员进行保险意识培训。积极推动贫困地区机构员工属地化，吸纳当地大学生和贫困群众作为农业保险协保员和营销员。

四是多方筹措资金，开展捐资助学活动。其一，在甘肃两当县赞助双联爱心教育基金项目，捐助30万元为当地近100名来自贫困家庭的高中生提供免费教育，帮助他们完成学业。其二，与中国扶贫基金会合作，拨付专项资金，向两当县和裕安区的贫困学生捐赠"爱心包裹"，解决困难中小学生上学难问题。其三，建立"官网扶贫助学系统"，通过中国太平内网、宣传海报、微信公众号等平台发布贫困地区情况及扶贫工作开展情况，动员全球各地的集团员工参与"一对一"扶贫助学活动。2014年年底到2015年，组织开展了两轮扶贫助学活动，共近2600名员工提交助学需求，实际到位资金达177.45万元，资助学生1616人。

第四章

保险业助推脱贫攻坚的多种模式

近年来，在我国一些省区市和地区，保险业积极履行社会责任、服务经济社会大局，充分发挥保险机制的功能作用，在地方政府的支持配合下，大力发展农业保险、大病保险、民生保险，创新支农融资方式，在助推脱贫攻坚方面取得积极成效，涌现出一批可复制、可推广的经验典型，为其他地区开展保险扶贫提供了有益借鉴。

一、河北阜平"金融扶贫、保险先行"模式

河北省阜平县是革命老区，是我党我军历史上创建的第一个敌后抗日根据地——晋察冀边区政府所在地。阜平地处太行山区深处，土地贫瘠，交通不便，产业基础薄弱，基础设施条件差，人均收入低，一直是国家级贫困县，并且由于贫困范围广、贫困程度深、发展基础弱，被列为燕山—太行山国家集中连片特困地区扶贫开发工作重点县、燕山—太行山片区区域发展与脱贫攻坚试点。全县共有贫困村 164 个，占全部行政村的 78.5%；"十一五"期末有贫困人口 10.81 万人，贫困发生率 54.4%，脱贫攻坚任务艰巨而繁重。2012 年 12 月 29 日至 30 日，习近平总书记亲赴阜平，慰问老区困难群众，考察扶贫开发工作，为老区脱贫致富指明了方向、坚定了信心。2014 年 7 月，河北省金融办印发《关于支持阜平创建金融扶贫示范县的实施意见》，为阜平确立了"金融扶贫、保险先行"的金融扶贫思路。此后，"金融扶贫、保

险先行"模式进入积极探索、推进阶段。

（一）主要做法

阜平的金融扶贫计划可概括为"四个全覆盖"，其中之一即为农业保险全覆盖。农业保险全覆盖是指通过丰富保险产品、创新运行模式、提高政府补贴等方式，实现农业保险在险种上覆盖全县主要种养业品类，在参保面上覆盖绝大多数种养业群众，构建架构合理、品类齐全、运行规范、保障有力的农业保险全覆盖运行体系。阜平把保险扶贫作为金融扶贫工作的突破口，最先启动，最先见成效。主要做法如下：

1.联办共保，实现农业保险全覆盖

一是联办共保，共同推动开展农业保险。2014 年 11 月，阜平县采用联办共保模式推进农业保险，县政府和保险公司承保、理赔均按照 5∶5 比例进行联办共保，双方份额根据业务发展适时进行调整。双方均设立农业保险专用账户，接受上级和同级财政、审计和保险监管部门的监督检查。当地建成由县金融服务中心、乡金融工作部、村金融工作室构成的县、乡、村三级金融服务网络，覆盖全县 13 个乡镇 209 个村，为金融保险扶贫奠定了坚实的组织保障。保险公司和政府分别利用技术优势和行政资源协同推进农业保险，降低推进工作的成本和难度。

二是开发特色农业保险产品，保障农户生产收益。按照"中央支持保大宗、保成本，地方支持保特色、保产量，有条件的保价格、保收入"的要求，除了中央和省政府提供补贴的玉米、马铃薯、花生、奶牛、能繁母猪、林木、设施农业等政策性农业保险险种外，阜平县还根据当地农业种养特色，因地制宜开发了大枣、核桃、肉牛、肉羊成本价格保险和养鸡保险、种羊养殖保险 6 种县级财政补贴险种，由县政府提供 60% 的保费补贴，参保农户自己承担 40%。成本价格保险既保障灾害事故造成的产量损失，又保障市场价格下跌损失，锁定了农户农业生产成本收益。

三是建立巨灾风险补偿机制，保证项目的可持续性。阜平县财政一次性

注资 3000 万元设立保险基金，提高农业保险的赔付能力。除此之外，建立了巨灾风险准备金制度，由县财政部门在当年农业保险保费收入政府部分的 25% 以内提取，用于政府应承担的 50% 赔偿额范围内的巨灾赔付，专户存储、专项核算、滚动累积、定向使用，实行封顶控制。当巨灾风险准备金累计提取达到当年政府保费收入的 3 倍时，政府不再提取巨灾风险准备金。发生巨灾时，保险公司在其承担的 50% 赔偿额内足额赔付。

2. 农户平安综合保险兜住民生保障

除农业保险外，阜平县政府还筹资 148 万元，全额承担每户 25 元的保费，为全县所有农户办理农户平安综合保险，兜住了全县农户的民生保障。农户平安综合保险为农户提供人身意外险保额 5 万元、家庭财产险保额 1.85 万元的综合风险保障，总计为农户提供 29.66 亿元的人身风险保障和 10.97 亿元的家庭财产风险保障。此外，县政府还推行"一元民生保险"，即保费为 1 元钱，由县政府全额承担全县 22.8 万元的保费，保险金额为每人 10 万元，保险责任包括见义勇为、自然灾害和火灾、爆炸等方面，防止农户因意外事故致贫返贫，提高农户的风险管理意识和保险意识。

3. 探索"保险＋信贷"的金融扶贫模式

阜平县政府成立了注册资金为 1.3 亿元的惠农担保公司，本着"扶持产业，旨在扶贫，兼顾风险，全力惠农"的原则，对参加农业保险并有资金需求的农业经营主体提供贷款担保，农业保险保单可作为惠农担保公司的反担保。参加农业保险和三户联保的农户，经过"村推荐、乡初审、县惠农担保公司和银行联合审查"的工作流程后即可获得贷款。农户按时偿还贷款本息后，由财政部门给予 50% 贴息。农业保险为偿还贷款提供了基本保障，阜平县 2175 户投保了农业保险的农民办理了 1.55 亿元贷款用于扩大再生产，其中 586 户农民用农业保险保单向当地银行质押贷款 4083 万元。此外，2016 年 6 月 28 日，阜平县政府还与中国人保签订"政融保"金融扶贫项目。该模式概括起来包括 3 个方面，即"政府提供政策支持和增信＋保险资金提供融资＋保险产品提供风险保障"。与上述做法不同的是，这一模式的融资来源是保险资金。

（二）取得的成效

阜平县自 2013 年以来扶贫试点取得明显成效。2015 年，阜平农村居民人均可支配收入达到 5815 元，比"十一五"期末增长 136.4%；贫困人口由 10.81 万人下降到 6.08 万人，贫困发生率由 54.4% 下降到 30.5%。其中，保险扶贫的效果尤为显著，很多群众深有感触，反映"金融不进农村，农村缺活力；金融进农村，保险要先行"。

1. 保险扶贫增强了群众自我发展的内生动力

随着保险工作的全面铺开，进一步坚定了群众脱贫致富的信心，从"要我富"变成"我要富"，全面掀起了"依靠金融保险扶贫、实现脱贫致富梦想"的全民创业大潮。由于有保险托底，新培育农业规模经营主体 100 余家，新增产业投入 4 亿元以上。

2. 农业保险兜住了经营底线，降低了贷款风险

农业保险为农民的生产经营撑起了"一把伞"。2015 年，大枣在脆熟期遭遇连阴雨减产，保险理赔 2589 户 726.77 万元；在核桃遭遇自然灾害和价格偏低的情况下，保险理赔 1808 户 114.34 万元；对肉牛、肉羊，保险理赔 1096 户 164.3 万元。全年共办理农业保险 505 单，理赔 1483 万元，为当地农业恢复生产提供了保障，缓解了质押贷款农户的还款压力，降低了银行贷款风险。

3. 保险扶贫促进了现代农业发展

根据各乡镇实际情况，坚持"政府引导、市场运作、企业带动、科技引领、金融扶持、规模发展"原则，对"龙头＋基地＋农户"进行重点扶持，解决了群众发展产业过程中的资金、技术、市场等难题，促进了现代农业发展。目前，阜平县已重点培育食用菌、中药材、林果业、养殖业等龙头企业 30 家，带动农户 3400 多户，初步形成企业带农户、大户带小户、能人带贫困户的产业扶贫新模式。

4. 资金效能放大，实现了精准扶贫效果

保险作为市场化机制，与传统的"撒芝麻盐"式的扶贫方式相比，具有

以小撬大、定向保障、持续稳定的特点，能够集中优势资源，为因灾因病等特定贫困对象提供精准保障。阜平县财政安排扶贫专项资金，对农民参加地方特色农业保险给予 60% 的保费补贴，大大提高了扶贫资金使用效能。2015 年以来扶贫资金补贴近 300 万元，获得农业保险保障金额 7735 万元，相当于将 1 元扶贫资金的效能放大了近 26 倍。

中国人保与阜平县政府签约"政融保"金融扶贫项目

2016 年 6 月 28 日，中国人保与阜平县政府举行"政融保"金融扶贫项目合作签约仪式。中国人保董事长吴焰，河北省省长助理、省金融办主任江波和保定市委书记聂瑞平出席签约仪式。"政融保"项目的运作方法是：中国人保提供保险、项目融资、数据信息等综合金融服务，阜平县政府提供保费补贴、担保增信等政策支持，按照"政府政策支持，保险保障增信，保险融资支农，精准扶贫覆盖"原则，实现"政融保联动"和"见保即贷，保贷联动"，为农户和农企提供农业保险和信贷资金支持。签约仪式上，中国人保还与阜平县首批涉农客户签订了融资合同，为阜平县嘉鑫种植公司、阜平县顺旺饲养场等 5 家农企，以及任占虎等 6 位种养户提供近 2000 万元的支农融资。

二、河南兰考"脱贫路上零风险"模式

河南兰考地处豫东平原，北依黄河故道，是河南省 31 个国家级贫困县之一，贫困人口在全县约占总人口的 1/10。兰考因焦裕禄精神而闻名，但也因自然灾害频发、地理条件恶劣，长期成为国家级贫困县，脱贫任务异常艰巨。截至 2013 年年底，兰考县还有 115 个贫困村、约 8 万人没有脱贫。兰考县是习近平总书记在第二批党的群众路线教育实践活动中的联系点。2014年 3 月，习近平总书记赴兰考调研指导党的群众路线教育实践活动，对兰考

脱贫致富提出殷切期望。此后，兰考县委、县政府制定了《2014—2016年脱贫攻坚规划》，统筹谋划脱贫攻坚与经济社会发展，把脱贫攻坚作为工作中的"重中之重"强力推进，形成了人人关心扶贫、人人关注扶贫、人人支持扶贫的良好局面。

但是，随着脱贫工作的推进，扶贫工作的难度越来越大。一方面，剩余贫困人口以老弱病残人群为主，自身发展能力薄弱，难以通过项目帮扶来解决脱贫问题，需要依靠政府的政策兜底；另一方面，由于经济基础仍相对薄弱、区域自然灾害频发，已脱贫人口因灾因病返贫的风险巨大。例如，2015年年底，一场雪灾导致兰考县重点扶持的蔬菜种植、养鸭等产业脱贫项目损失严重，损失总额高达5000多万元，许多农户致富奔小康的希望落空。针对这一问题，中原农业保险公司（以下简称"中原农险"）在中国保监会指导下，积极主动与兰考县政府合作，在河南省财政厅等部门支持下，制定了"脱贫路上零风险"一揽子保险扶贫方案，把保险嵌入扶贫开发全流程，为兰考全县7.74万贫困户兜底生产生活中可能面对的各类风险，解除贫困农户创业致富的后顾之忧。

（一）主要做法

2016年3月22日，兰考县正式启动"脱贫路上零风险"保险扶贫项目，由兰考县政府扶贫基金投入近1000万元保费，中央、省、县财政补贴260余万元保费，为兰考全县所有贫困及脱贫不稳定人群提供农作物、农业设施、住房等一揽子保险服务。

1. 开发一揽子扶贫保险产品，全方位兜底风险

疾病、灾害、意外伤害是群众致贫返贫的首要原因，而无产业支撑、无稳定收入又是群众脱贫致富的主要困难。中原农险针对广大贫困农户、农业合作社和脱贫龙头企业等的各类风险，设计出包括农业保险、农民意外健康保险、农业基础设施保险、农房保险、农户小额贷款保证保险等16个险种在内的一揽子承保方案，兜底农业生产自然灾害、主要劳动力恶性疾病或意

外伤害、农民及涉农企业缺乏抵押担保等主要风险和困难，为脱贫致富提供全方位风险解决方案。其中，在生活风险保障方面，提供农村住房保险和人身意外伤害等基本保险服务；在生产风险保障方面，提供小麦、玉米、花生、水稻、棉花、大豆六大农作物种植险和日光温室、鸭棚等现代设施农业财产险。此外，中原农险还将为农业合作社、脱贫龙头企业等提供贷款总额2亿元的农业贷款保证保险和企业财产险。

2. 对建档立卡贫困户实行优惠费率

为体现精准性和特惠性，在中国保监会支持下，兰考扶贫保险产品在行业基准费率水平的基础上进一步降低，以减轻地方财政及广大贫困农户的保费压力。与纯商业保险产品相比，兰考扶贫保险产品整体费率降低约30%。

3. 当地政府给予大力支持

兰考县财政按45元/人的标准，对"一岁至百岁"的所有贫困农户和残疾人群投保意外伤害保险和附加医疗保险提供保费补贴，使全县7.74万建档立卡贫困人口在基本医保和大病保险的基础上，再额外获得不低于4万元的"意外＋医疗"保险保障，贫困户个人零缴费。农业保险方面，除按政策规定可享受的中央和省级财政保费补贴外，2.3万户贫困户自缴保费部分由兰考县扶贫办全额补贴。

（二）取得的成效

"脱贫路上零风险"保险扶贫项目由于保障全、费率低、保额高，不仅推动脱贫致富，还防止返贫致贫，得到各方高度认可。截至2016年4月底，兰考县建档立卡的23275户贫困户、77447人以及带动脱贫的龙头企业等已全部参保，撬动风险保障总额高达84亿元，当地玉米、小麦、水稻、棉花、大豆、花生共140万亩主要农作物实现"应保尽保"。

1. 优化了政府扶贫资源配置

通过实施包含16个品种在内的一揽子保险扶贫项目，兰考县政府仅提供 1000 万元的保费补贴，就使全县贫困群众获得 84 亿元保险保障，显著放大了财政资金使用效能。政府以较少的财政投入，实现放大数百倍的风险保障，把有限的财力最大限度地投向最需要保障的贫困群众。

2. 提升了扶贫工作的精准性

与其他金融产品"锦上添花"相比，保险体现的是"雪中送炭"。在扶贫开发中引入保险机制，财政扶贫资金转化为保费补贴，一旦被保险人遭遇疾病或自然灾害，则以保险赔款的形式迅速投放，使受灾群众精准获得经济补偿。将政府的直接补贴变为间接补贴，事前即可确定灾后最大损失保障，打消了部分贫困户"等靠要"的想法，真正实现了"精准滴灌、靶向治疗"。

3. 调动了各方参与扶贫的积极性

通过开办贷款保证保险，政府以少量的保费补贴，解决了农户抵押贷款增信难的问题，打消了银行的放款顾虑，达到了"保险公司赢得信誉、商业银行开拓业务、贫困群众获得贷款、政府搞活扶贫开发"四方共赢的效果。

4. 兼顾了扶贫与致富的双重目标

脱贫攻坚不但要强化兜底措施，防止致贫返贫，更要创造致富机会，实现共同富裕。河南兰考"脱贫路上零风险"一揽子保险扶贫项目的实施，在为困难群众兜住生产生活风险的基础上，还为主要农作物和日光大棚、鸭棚等生产设施提供风险保障，有效化解产业发展中的风险，激发了贫困群众脱贫致富的积极性，打消了发展现代产业的后顾之忧。

兰考县"脱贫路上零风险"保险扶贫项目走出了一条"扶贫 + 保险"整县推进的新路子，具有在更大范围推广的典型意义。兰考试点启动后，辐射带动效应已经显现。目前，河南省新县、光山县、汝州市、封丘县等多个贫困县已经与中原农险订立了扶贫合作协议，复制和推广"脱贫路上零风险"的经验做法。

河南兰考举行"脱贫路上零风险"保险扶贫项目启动仪式

　　2016 年 3 月 22 日，兰考县政府与中原农险举行"脱贫路上零风险"保险扶贫项目启动仪式，河南省财政厅副厅长张中亮、兰考县委书记蔡松涛出席，中原农险、兰考县金融办、财政局、扶贫办及乡镇（街道）负责同志参加。蔡松涛表示，2015 年，兰考的脱贫工作扎实稳步推进，成果显著，2016 年将实现全县约 4.7 万人全面脱贫。"脱贫路上零风险"项目的开展为兰考如期脱贫注入了一剂强心针，对帮助兰考如期脱贫将起到积极促进作用。张中亮指出，"脱贫路上零风险"项目是扶贫路上的一大创新，可复制、可推广，意义深远，将为加快脱贫奔小康、防止农户因灾因病返贫起到积极推动作用。

三、江西赣州"精准扶贫医疗保险"模式

　　赣州位于江西省南部，简称赣南，是著名的革命老区、红色革命的摇篮，也是全国脱贫攻坚的主战场之一。赣州市现有 19 个县（市、区），人口 954 万人，老区面积和人口分别占全市的 80% 和 76.7%。近年来，赣南地区扶贫开发取得明显成效，但贫困范围广、贫困人口多、贫困程度深、扶贫难度大仍然是制约赣州全市全面建成小康社会的突出问题。数据显示，2014 年年底，赣州农村贫困人口占江西全省农村贫困人口的 35.23%；全市共有贫困村 1419 个，占全部行政村的 41%；贫困发生率为 13.1%，比全国、江西全省分别高出 5.9 个和 5.4 个百分点。

　　为有效解决贫困人口大病保险保障之上的高额医疗费用，赣州市于 2015 年在寻乌、南康、大余、全南、安远等 9 个县区先行先试，委托保险机构实施"精准扶贫医疗保险"项目，对贫困人口经基本医保、大病保险报销后个人自负部分，扣除 3000—1 万元起付线后予以分段报销。该项目推出

后受到各方好评。为了让这一创新举措惠及全市更多的贫困人口，2016年1月，赣州市政府出台政策，开始在全市范围内探索运用商业保险机制实施精准扶贫，财政全额出资为全市建档立卡贫困人口购买精准扶贫医疗保险，取得积极成效。

（一）主要做法

1.政府主导，保险承接，合作扶贫

在开展精准扶贫医疗保险过程中，赣州市政府强化主体责任，从扶贫资金中安排1亿元专项资金，由市、县财政按2∶8的比例全额出资，为105万农村建档立卡的贫困人群，以90元的人均筹资标准，向保险机构购买补充医疗保险。针对贫困人口发生的住院医疗费用，经新农合基本医保、大病保险报销后，剩余部分分别按医保目录内90%、医保目录外75%的比例由精准扶贫医疗保险给予补偿；市内定点医院减免本院就医发生目录外费用的5%，市内非定点医疗机构和市外医疗机构不减免。精准扶贫医疗保险不设起付线，年封顶赔付线25万元。此外，赣州市针对11万城镇贫困人口也制定了补充医疗保险方案，内容与农村贫困人口方案基本一致。与政府发挥主导作用相呼应，保险机构积极对接，主动向政府部门汇报新农合大病保险开展情况，积极配合赣州市卫计委等部门，参与前期筹资标准测算、方案制定等工作。在整个过程中，政府与商业保险机构协同发力，联手合作扶贫：政府部门充分发挥政策制定和监督协调作用，与保险公司共享贫困人口医疗费用实际发生数据，为保险公司的费率测算提供数据支持；保险公司积极发挥专业优势，减轻政府管理成本，放大扶贫资金使用效率，为贫困人口提供一站式结算服务，打造保险业深度参与精准扶贫的新模式。

2.因地制宜，科学设计，精准扶贫

针对赣州市贫困人口实际医疗费用负担较重的情况，赣州市政府因地制宜，创新扶贫资源使用方式，针对因病致贫人群精准施策，集中救助。精准扶贫医疗保险突出体现了"精准"二字。首先，解决扶持谁的问题。

赣州市政府组织县农医局、卫生所对照标准走村串户，到村到户开展贫困状况调查和建档立卡工作，精准识别贫困户基本情况，到户到人查明贫困原因，确定将农村五保户、低保户以及因病致贫返贫人口近105万人纳入帮扶对象。其次，解决怎么扶的问题。赣州市的精准扶贫医疗保险项目由政府出资，委托商业保险机构承办，放大了扶贫资金的使用效应，有效增强了抗风险能力。最后，解决扶什么的问题。为保证扶贫成效，兜住贫困人口医疗费负担底线，精准扶贫医疗保险大幅提高了贫困人口保障水平，降低了贫困人口大病费用实际支出，既取消了起付线门槛，又扩大了报销范围，涵盖目录内外费用。

3. 发挥优势，深度融合，专业扶贫

保险机构在办理业务过程中形成了"病前健康管理、病中就医服务、病后康复指导"的全流程服务链条。委托保险机构承办精准扶贫医疗保险项目，充分发挥了保险机构的优势，做到了精准发力、专业扶贫。一方面，可借助大病保险与基本医保的合署办公以及信息系统数据的共享，在医保体系中构建一条完整的服务链，实现基本医保、大病保险、精准扶贫医疗保险的一站式结算；另一方面，直接承袭大病保险服务模式，现有的百名大病保险专业服务队伍可直接服务于精准扶贫项目。同时，通过保险机构健康保险信息系统，加强对承保、理赔数据的积累分析，可为费率测算、费率调整打下坚实基础。在运营精准扶贫医疗保险过程中，赣州市还秉承稳妥起步的原则，设定了风险调节机制，对保险机构在经营过程中因政策原因导致的亏损，市县财政将按比例给予适当补偿，确保扶贫制度的可持续性，保障扶贫工作成果落到实处。

（二）取得的成效

1. 有效提升了贫困人口的医疗保障水平

在没有实施精准扶贫医疗保险之前，赣州市"新农合基本医保＋新农合大病保险"的实际补偿比例约为56%（基本医保41.8%，大病保险

14.4%）。2015 年推出精准扶贫医疗保险后，再按照该方案对精准扶贫人口予以补偿，保障水平将提高约 34—39.6 个百分点，实际达到 90%—95.6%，大大提高了贫困人口的医疗保障水平。寻乌、南康、大余、全南、安远等 9 个先行先试县区当年共向 525 人支付补偿金 224.9 万元，贫困群众得到了实实在在的好处。

2. 切实增强了对医疗费用的管控

保险机构自 2013 年起接受赣州市政府委托承办新农合大病保险以来，在高质量做好大病保险和精准扶贫医疗保险业务的同时，通过建立专业服务队伍、开展驻点巡查，切实加强医疗费用管控，取得良好成效。2015 年，共发现不合规、虚假案件 120 起，直接减少不合理医保基金支出 402 万元。

3. 在江西全省范围内形成了示范效应

在赣州先行试点取得良好成效的基础上，江西省于 2016 年 8 月出台《江西省健康扶贫工程实施方案》，在全省全面推行精准扶贫医疗保险。该方案共拟定具体措施 22 项，涉及财政资助、保险加码、人才培养等方面，从"保基本、救大病、管慢病"三个方面同时发力，确保贫困群众"健康有人管、患病有人治、治病有报销、大病有救助"，到 2020 年，贫困地区人人享有基本医疗卫生服务，因病致贫、因病返贫问题得到有效解决。

央视报道江西赣州"疾病医疗商业补充保险"项目

2016 年 8 月 23 日，央视财经频道《经济半小时》节目报道了赣州"疾病医疗商业补充保险"项目情况。赣州市创新健康扶贫形式和途径，在新农合补偿、新农合大病保险补偿、民政医疗救助的基础上，由市县两级财政共同出资，为农村贫困人口购买疾病医疗商业补充保险，新农合患者因此有了 4 道健康保障线。贫困户进入大病保险后的合规未报费用再次报销 90%，对目录外不可报费用报销 75%，大大降低了农村贫困人口医药费用的自负比例。

2016 年 1—7 月，赣州市疾病医疗商业补充保险共补偿 1083 人次，住院医疗总费用 4474.22 万元，新农合补偿 2407.06 万元，大病保险补偿 515.94 万元，疾病医疗商业补充保险补偿 1115.58 万元，个人自负 435.64 万元，个人自负比例为 9.74%。

四、四川凉山彝族自治州"惠农保"模式

凉山彝族自治州（以下简称"凉山州"）地处四川西南部，是全国最大的彝族聚居区，也是四川民族类别最多、少数民族人口最多的地区。由于历史和地理原因，当地贫困人口多、贫困程度深，是典型的集中连片贫困地区，迄今仍有 11 个国家扶贫开发工作重点县、2072 个贫困村。近年来，凉山州委、州政府始终把扶贫开发作为重中之重，找准脱贫攻坚面临的突出矛盾和困难，最大限度整合资源和政策措施，集中力量统筹解决，贫困人口从 2010 年的 107.67 万人减少到 50.58 万人，贫困发生率从 23.4% 下降到 13.5%，扶贫开发取得阶段性成效。其中，自 2013 年 5 月以来，凉山州积极发挥商业保险作用，探索推广面向农村群众的商业保险组合产品——"惠农保"，为加快贫困人口精准脱贫作出了积极贡献。

（一）主要做法

1. 在产品设计上突出扶贫特色，增强产品针对性

针对凉山州扶贫需要，四川保监局和当地政府指导人保财险、中国人寿凉山分公司设计开发了"惠农保"产品。"惠农保"是自然灾害公众责任险、农村住房保险、农村小额人身意外保险等产品组合的统称，具有保费低廉、保障充分等特点，保障范围包括自然灾害、农房损失、意外伤害、身故等方面，涵盖灾、伤、残、死等多类风险。"惠农保"人均年保费不足百元，提

供的总保额却高达 13 万元。其中，自然灾害公众责任险保费 2 元，保额 6 万元；农村住房保险保费 50 元，保额 5 万元；小额人身意外保险保费 30 元，保额 2 万元，较好保障了民众遇灾遇险的应急之需。

2. 在工作推进上发挥政府主导作用，增强工作推动力

凉山州政府将推广"惠农保"作为解决农村群众因灾因病致贫返贫问题的重要举措和"十大扶贫工程"之一，成立了工作领导小组，制定了专项工作方案并大力推进，定期研究有关工作，统筹解决有关问题。一方面，强化财政补贴。全州 17 个县（市）地方政府均给予农户保费补助，一些地方还为农户全额投保，极大提高了农户参保的积极性。比如在德昌、西昌等县（市），当地财政不仅全额承担了自然灾害公众责任险的保费，还对农房保险给予20% 左右的补贴。另一方面，强化工作激励。根据不同险种参保率的高低，设定了高、中、低三档工作目标，分别给予不同等次的工作经费作为奖励。

3. 在宣传推广上整合各方力量，提升群众认知度

商业保险对于一些贫困地区的群众而言，还属于"新鲜事物"。当地政府积极整合各方力量，加大宣传推广力度，提升群众对"惠农保"的认知度。一方面，发挥基层组织的动员作用。以乡镇为单位，组织工作组走村入户，通过召开群众会、入户宣讲、书写标语、印发资料等多种方式，广泛宣传"惠农保"的意义作用、投保理赔程序等内容，特别是发动村"两委"干部带头参保，发挥示范引领作用。另一方面，发挥保险机构的经办服务作用。承保公司针对当地农村交通不便、人口居住分散、民众文化程度较低等情况，制定了上门承保、简化保单、快速理赔等举措，确保投保便利、理赔高效。

（二）取得的成效

凉山州自 2013 年启动"惠农保"保险以来，经过两年多的试点实践，在保障贫困地区群众生产生活、助力脱贫攻坚方面取得明显成效。

1. 提升了农村低收入群众的保障水平

截至 2015 年年末，"惠农保"系列产品已覆盖凉山州的 463 个乡镇，覆

盖率为 76％；投保人群达 209 万人，其中贫困人员 49 万人，分别占当地全部农村人口和农村贫困人员的 67% 和 68%。共为参保农村群众提供风险保障 3902.19 亿元，其中：自然灾害公众责任险投保 562 万人次，保费规模 1208.37 万元，承担风险保障 3715.11 亿元；农村住房险参保 19 万户次，保费规模 940.62 万元，承担风险保障 93.52 亿元；农村小额人身意外险参保 42 万人次，保费规模 1273.78 万元，承担风险保障 93.4 亿元。

2. 减少了农村低收入群众致贫返贫的风险

截至 2015 年 12 月，"惠农保"系列产品共理赔 3231 人次、支付赔款 1584.50 万元。其中，自然灾害公众责任险理赔 31 人次，支付赔款 197.48 万元；农村住房险理赔 2836 户次，支付赔款 698.51 万元；农村小额人身意外险理赔 364 人次，支付赔款 688.51 万元。从而，较好发挥了商业保险的经济补偿作用，减少了因灾致贫返贫现象的发生。

3. 探索了保险业参与贫困地区脱贫攻坚的新途径

当地通过推广"惠农保"，将保险这一市场化机制引入当地社会治理体系之中，丰富了贫困地区社会治理的参与主体和运作模式，提升了当地农村群众的保险意识。遇灾患病、意外身故时，投保人第一时间找保险公司，保险公司第一时间介入，有效缓解了当地政府在社会管理方面的压力。

2016 年 7 月 21 日，凉山州政府召开保险业支持脱贫攻坚工作会议，通报了全州"惠农保"保险试点工作开展情况，交流了相关工作经验，出台了《关于深入推进"惠农保"保险助力脱贫攻坚的实施意见》，强调要深刻认识深入推进"惠农保"保险的重要意义，进一步采取措施深入推进"惠农保"保险工作。

 案例　四川凉山雷波县为山洪、泥石流受害者送去"惠农保"赔款

2015 年 5 月 7 日傍晚，四川省凉山州雷波县出现半小时左右

的短时强降雨并伴有冰雹和阵性大风，造成部分乡镇受灾。其中，马颈子乡集镇在晚 7 时左右，10 分钟的降雨量达 24 毫米，并伴随冰雹和雷暴。7 时 10 分以后，在发育于集镇后山的季节性冲沟碉楼沟沟口附近造成死亡 5 人、失踪 3 人、伤 9 人，7 幢楼房被冲毁。5 月 10 日晚，搜寻到一名失踪者，已确认死亡。灾害发生后，保险公司积极克服灾后道路不畅等困难，不到 20 天就完成投保人员筛查、理赔确认等工作，并及时组织举办赔款现场会，为 4 名山洪泥石流受害者送去"惠农保"赔款 24 万元。

五、云南昭通"特困人群保险医疗救助扶贫"模式

昭通市位于云南省东北部、金沙江下游右岸，与四川、贵州接壤，处于云、贵、川三省结合部，辖 1 区 10 县，面积 2.3 万平方公里，人口 582.95 万人。昭通是云南省贫困面最大、贫困程度最深、贫困人口最多的地区，全市的 11 个县区中，有 10 个县区为国家扶贫开发工作重点县，云南每 5 个贫困人口中就有 1 个是昭通人。因病致贫、因病返贫是困扰昭通广大贫困群众的重要因素。近年来，在扶贫开发工作实践中，昭通市针对特困人群探索开展民政医疗救助补充保险，努力构建多层次民政救助体系，有效减轻了城乡低保、农村五保和重点优抚对象等民政救助人群的医疗负担，为当地特困人群的脱贫攻坚工作提供了有力的保险保障。

（一）主要做法

2009 年，为适应民政医疗救助制度运行需要，进一步减轻救助对象的医疗费用负担，昭通市民政局利用民政医疗救助基金为城乡低保、农村五保、重点优抚对象购买商业团体补充医疗保险，保险公司提供费用补偿和专业服务。

1. 政府支持，试点先行

2009 年，昭通市民政局与人保健康云南分公司签署协议，自 2010 年 1 月起，盐津县和水富县试点利用民政医疗救助基金全额出资，为低保优抚人群购买商业团体补充医疗保险，保费每人每年 30 元。一旦参保人员生病住院，通过城镇居民基本医疗保险或新型农村合作医疗保险报销后的剩余费用，保险公司按照个人自付部分的 45% 给予赔付，每人每年累计赔付金额封顶 6000 元。试点首年，两县共覆盖低保优抚人群 46350 人，累计赔付 422 人次、111.24 万元，取得良好效果。

2. 稳健推广，创新机制

2011 年，昭通市政府决定将商业民政救助补充医疗保险项目推广至全市。从 5 年来的运行情况看，保费由各县民政局从民政医疗救助基金统一划拨，低保优抚人员无须交费。保障范围与城乡居民基本医疗保险、大病保险的可报销范围一致。不设起付线，个人自付的医疗费用按乡镇卫生院 45%、县级医院 40%、市级医院 35%、市外就医 30% 的比例进行赔付，封顶线每人 6000 元 / 年。建立风险共担的可持续发展机制，当保险赔付超过保费的 90% 时，超出部分由民政部门承担。年度赔付总额少于当年总保费的 90% 时，结余部分用于对困难患者或特殊病种患者进行二次补偿，确保用足用好民政医疗救助基金的投保资金。

3. 强化服务，提高质量

昭通市民政局和人保健康云南分公司合作研发了昭通市城乡医疗救助管理系统，覆盖了参与民政救助的全部 144 个乡镇民政所、216 个定点医疗机构，与城乡医保信息系统无缝对接，实现了民政医疗救助与基本医保、大病保险的同步报销、即时结算。保险公司通过抽查病历、医疗巡查等方式，做好对医疗行为的监督管理，截至目前，审核确认不合理案件 3779 个，减少赔付支出 301.52 万元。保险公司还积极开展数据积累和分析，真实分析评估经营情况，按季度、年度向民政部门提交运行报告，为完善民政医疗救助的经营管理和服务提供依据。

（二）取得的成效

"十二五"时期，昭通市扶贫开发取得阶段性成效，解决和巩固了80.63万贫困人口的温饱问题，贫困发生率从37.5%降到25.71%；农村居民人均可支配收入年均增长16.1%，达到7212元，比2010年的3424元增加了3788元。这其中，特困人群保险医疗救助扶贫功不可没。

1.降低了低保优抚人群的医疗费用负担

昭通市民政救助补充医疗保险与基本医保、大病医保、医疗救助制度互补联动，有效提升了贫困地区群众的医疗保障水平。目前，昭通市为特困人群建立的是"基本医疗保险＋城乡居民大病保险＋民政救助医疗补充保险＋民政二次救助＋重点救助（针对农村五保、重点优抚对象）"5层医疗保障体系。经统计2012—2014年度赔付情况，参保人生病住院时，经基本医疗保险报销后，个人医疗费用负担比例约为35.5%；经民政救助补充医疗保险报销后，个人医疗费用负担比例约为24.56%，下降10.99%。

2.提升了民政医疗救助基金的使用效率

改变传统按人头平均发放救助资金的方式，借助保险公司的专业能力，将救助基金支付给那些看病后自付比例较高的贫困人员，医疗救助基金大量结余的状况得到很大改善，救助基金的使用效率也不断提升。实行一站式结算，实现了基金在线监控和监管，资金支出更加规范，避免了"人情救助"等不规范行为，保证了医疗救助的及时性和公平性。

3.探索了一条民政医疗团体救助的新路子

人保健康与昭通市政府合作，利用民政医疗救助基金为城乡低保、农村五保、重点优抚对象购买商业团体补充医疗保险，有效保障特困群众看得起病、住得起院，增强了特困群众、弱势群体治疗疾病和抵御意外风险的能力，探索出了一条政府与商业保险公司合作的民政医疗团体救助新路子。自2010年1月至2015年10月，昭通市民政救助补充医疗保险累计承保305.53万人次，赔付27.94万人次，赔款总金额1.13亿元，有效缓解了特殊困难群众的就医难题，增强了贫困群体治疗疾病和抵御意外风险的能力。

云南昭通民政医疗救助一站式即时结算服务工作全面启动

　　2012 年 5 月 1 日，云南省昭通市城乡医疗救助管理系统培训工作全面展开，标志着全市城乡医疗救助管理系统全面启动并正常运行，全市 70.3 万名城乡低保对象、农村五保对象、重点优抚对象将得到简便快捷的医疗救助一站式即时结算服务。民政城乡医疗救助一站式即时结算模式使符合条件的救助对象在定点医疗机构看病就医，得到城镇基本医疗保险报销或新农合补偿的同时，及时得到民政医疗救助，简化了医疗救助审批程序，缩短了医疗救助办结时间，为困难群众提供了实实在在的便利。

六、宁夏"脱贫保"模式

　　宁夏回族自治区地处我国西部地区，是少数民族聚居区，也是典型的欠发达省区。其中，位于南部地带的西海固地区是国家 14 个集中连片特困地区之一。近年来，宁夏扶贫工作取得显著成绩，但仍有 15 万户建档立卡贫困户、58 万建档立卡贫困人口。随着容易脱贫的人口逐步完成脱贫，扶贫开发工作迈入"深水区"，如何解决剩余贫困人口的脱贫问题，成为脱贫攻坚工程的重点。在政府扶贫资源有限、贫困人口规模仍较大的情况下，宁夏通过引入"脱贫保"组合保险产品，提升了扶贫资金运用的精准度，提高了精准扶贫的工作效能。

（一）主要做法

　　2016 年 4 月 18 日，宁夏扶贫办和保监局联合印发《宁夏精准扶贫"脱贫保"工作实施方案（试行）》，决定集中资源和力量，从 2016 年开始，为全部 15 万建档立卡贫困户、58 万建档立卡贫困人口提供精准扶贫"脱贫保"

产品，通过实施一揽子保险项目，实行小额人身意外伤害保险、大病补充医疗保险全覆盖，实现产业保险对贫困地区优势特色产业的重点保障，着力解决因意外事故、因病因灾致贫返贫问题。

1. 创新产品，精准帮扶

"脱贫保"计划创新性地将4种保险产品形成一个组合，精准服务建档立卡贫困人口，为其提供意外伤害、大病医疗、借款人意外、特色农业等一揽子风险保障。一是"脱贫保"家庭成员意外伤害保险。主要为贫困户因意外伤害导致的身故、伤残（含烧烫伤）、住院医疗提供风险保障。每户保费100元，保障金额9.9万元，其中意外伤害身故、意外伤害伤残9万元，意外伤害医疗9000元。二是"脱贫保"大病补充医疗保险。主要用于贫困人口因住院发生的医疗费用在基本医保、大病保险等报销后不为零的个人自付费用，扣除大病补充医疗保险不合规费用和免赔额后的金额按照一定比例给予再次赔付，保费每人45元，累计最高赔付8万元。三是"脱贫保"借款人意外伤害保险。主要用于承担发起借款的贫困户借款人因发生意外伤害导致的身故、伤残保障责任，保险费率1.8‰，保险金额为实际借款金额。四是"脱贫保"优势特色产业保险。对贫困农户投保的优势特色产业因价格下跌或者产量降低导致销售收入低于保险合同约定的预期收益，或者对"5·30养殖计划"的牛羊因自然灾害、意外事故、疾病造成死亡的，在各项责任对应的保险金额内进行赔偿。其中，基础母牛养殖每头保险费245元、保障金额7000元，基础母羊养殖每只保险费30元、保障金额500元。

2. 政府引导，市场运作

4种"脱贫保"产品均采取政府补助和贫困户自筹相结合的形式购买，原则上保费的80%由政府补助承担，剩余的20%由贫困户个人承担。补助资金可从自治区切块下达到县的"双到""以奖代补"或其他扶贫资金中列支。各市县也可根据自身情况确定分担比例。通过"政策+资金"双驱动，放大财政扶贫资金使用效益，引导保险机构发挥风险管理优势、创新产品服务、坚持保本微利，积极主动地服务扶贫开发工作。

3.多方协作，合力推动

建立由自治区扶贫主管部门、宁夏保监局以及保险机构共同参加的联席会议制度，协调解决项目实施过程中发生的问题，并共同评估"脱贫保"助推脱贫效果，不断优化价格形成机制和服务体系，更好推进宁夏的精准扶贫、精准脱贫工作。

（二）取得的成效

宁夏面向建档立卡贫困人群推出的"脱贫保"项目，充分发挥了保险机制的风险保障和经济补偿功能，为贫困地区构筑了一道生产和生活的安全屏障，有效促进了当地扶贫开发工作的顺利开展。

一方面，满足了贫困地区的风险保障需求。宁夏"脱贫保"项目精准定位为全自治区58万建档立卡贫困人口，突出了对贫困人口的风险兜底和产业发展的风险保障目标。同时，"脱贫保"项目还整合了意外伤害、大病医疗、借款人意外、特色农业等一揽子风险保障，为贫困人口提供菜单式的保险服务，满足了贫困地区多方面的风险保障需求。

另一方面，调动了保险机构的积极性。建档立卡贫困人口大部分生活在自治区内的南部山区及偏远地区，为保证贫困人口获得便捷高效的保险服务，经对机构设置、服务人员配置、经营特点等方面综合评估，先期推荐中国人寿、人保财险、平安产险三家保险机构进行合作。各县（区）在保险费不高于方案规定的前提下，也可以选择在当地有保险分支机构的其他公司进行合作。此外，鼓励各参与公司在按照方案中规定的保险责任和费率设计相应的保险产品的同时，结合贫困人口实际需求和本公司经营特点，开发保险责任更广、保险费率更低的保险产品，并扩大接报案和理赔申请主体，优化理赔程序。

宁夏面向建档立卡贫困人群的精准保险扶贫举措，得到了国务院的高度重视。汪洋副总理批示："希望保监会推广宁夏的经验，也希望能与建档立卡人口进一步对接。"在2016年6月17日召开的全国金融扶贫电视电话会议上，汪洋副总理又专门提及宁夏的"脱贫保"项目，并给予表扬。

中国人寿宁夏分公司开展"脱贫保"理赔

中国人寿宁夏分公司是"脱贫保"项目的积极参与者。自参与"脱贫保"项目以来，该公司已经实施了多项赔案，以下是较为典型的 3 例。

2016 年 6 月 16 日，被保险人王某驾驶自家农用车因操作不当发生交通事故，抢救无效后身故。中国人寿盐池支公司及时进行了资料审核及案件处理，虽然被保险人属于无驾驶证驾驶，但仍按照投保时双方的特别约定承担了保险责任。7 月 4 日，盐池县扶贫办公室与中国人寿盐池支公司相关人员对王某家属进行了慰问，并将 3 万元理赔金送到王某家属的手中。

2016 年 7 月 20 日，原州区扶贫办联合中国人寿固原分公司，在原州区彭堡镇吴磨村召开宁夏"脱贫保"家庭意外伤害保险理赔金发放现场会，为原州区黄铎堡镇铁沟村，彭堡镇石碑村、吴磨村，炭山乡南坪村，河川乡上台村 6 户因意外伤害死亡的家庭理赔保险金 29.1 万元，其中两户夫妻双亡家庭各获得 9 万元理赔金。

2016 年 7 月，永宁县闽宁镇园艺村的 29 岁小伙刘某在三沙源打工，由于天气炎热，下班之后与朋友相约去三沙源玩水，不慎溺水身亡。刘某家中有 3 个年幼的孩子，大的 3 岁左右，小的双胞胎不到 1 岁，主要以种地为生，并有年迈的双亲。刘某的离世让这个本不富裕的家庭失去了劳动力，可谓是雪上加霜。由于之前永宁县政府已经为所有贫困户购买了"脱贫保"，中国人寿的理赔人员为刘某家属送去了 1.8 万元的意外伤害保险赔偿金及慰问品。

七、甘肃秦安"两保一孤"模式

秦安县位于甘肃省东南部、天水市北部、渭河支流葫芦河下游，是甘肃 58 个国家级贫困县之一。近年来，秦安县深入贯彻落实中央扶贫开发有关精神，把脱贫攻坚作为头等大事，瞄准建档立卡贫困村、贫困户，加强专项扶贫、行业扶贫、社会帮扶"三体"联动，努力打好精准脱贫攻坚战。2015 年 7 月以来，为帮助秦安县加快脱贫，甘肃保险业立足"精准"二字，发挥专业优势，在秦安县试点将农村一、二类低保户以及五保户、孤儿等贫困人员作为重点，开发有针对性的重大疾病和意外伤害扶贫保险产品（以下简称"两保一孤"保险），探索了商业保险服务精准扶贫的新模式。

（一）主要做法

据秦安县民政局统计，2015 年，秦安县共有"两保一孤"特困人群 34010 人，其中，极为困难的一类低保户有 11465 人，二类低保户有 18935 人，农村五保户有 3138 人，农村孤儿有 472 人。"两保一孤"保险针对的就是这些建档立卡的农村低保户、五保户和孤儿等贫困人群。

1. 政府主导，通力合作，确保对象精准

在项目运作过程中，甘肃省金融办负责保险项目整体工作，协调各部门统筹推广；民政部门依据信息系统提供投保清单，精准识别扶贫对象；财政部门筹集资金缴纳保费；卫生部门提供历史经验数据，科学设计保障方案；扶贫部门跟踪评估成效，提出改进建议；甘肃保监局指导中国人寿甘肃省分公司认真分析当地农户的致贫原因和脱贫需求，量身定制保险产品与服务。通过不同单位分工合作，全程监控项目运行，全心服务扶贫对象，达到"真扶贫、扶真贫"的目的。

2. 发挥优势，科学设计，确保措施精准

"两保一孤"保险主要包括：针对因重疾致贫返贫现象高发的实际，充分发挥重大疾病保险的定额赔付、先行给付优势，"两保一孤"人员在县级以上医院一经确诊 50 种重大疾病，即可获得保险公司 2 万元现金赔款；针对当地山多沟深、意外事故高发的实际，充分发挥意外伤害保险的风险补偿优势，提供 1 万元意外身故（含伤残）保障；针对乡村干部群众保险知识匮乏的实际，充分发挥定期寿险的身故给付优势，特别设计了 2000 元的疾病身故保障。

3. 保本微利，风险调节，确保运行精准

按照保本微利、风险共担原则，合理控制商业保险机构的经办成本，构建科学的风险调节机制。将年度赔付警戒线定为保费总额的 80%。若年度赔付率低于警戒线，由保险公司在下一年度采取降低保费、扩大病种、提高保额等多种方式，确保结余资金用足。如果年度赔付率超过 80%，则由政府提高下一年度的保费筹资标准，弥补保险公司上一年度亏损，确保项目持续运行。目前，甘肃保监局已指导保险公司根据秦安县试点情况，启动了风险调节，将财政出资保费标准由试点时的 100 元 / 人下调至 60 元 / 人。

4. 多措并举，重点保障，确保服务精准

中国人寿甘肃省分公司联合地方政府加大宣传推广力度，提升群众对"两保一孤"保险的认知度，先后深入秦安县 23 个乡镇召开业务启动会，走进 65 个村委会和 200 余户村民家中进行现场宣讲，发放资料 3 万余份，做到干部知晓、村民明白。此外，中国人寿甘肃省分公司还加大投入，专门制定方案，提供便捷高效的理赔服务，为每个乡镇配备 1—2 名兼职服务人员，努力实现第一时间受理理赔申请、第一时间探望患病群众、第一时间送达保费赔款。

（二）取得的成效

"两保一孤"保险定位准确，符合贫困人群现实需求，已经成为甘肃精准扶贫的一张名片。2016 年 5 月，中央全面深化改革领导小组办公室《改革情况交流》（第 77 期）对其做了专题介绍。甘肃省委主要负责同志先后两次作出批示，要求总结和推广。

1. 形成了可操作、可复制的保险扶贫新模式

"两保一孤"保险采用团体投保，手续简便，成本低廉。保险责任以重大疾病为主，定额赔付，简明易懂，农民听得清，干部讲得明，政府买得

起。"两保一孤"保险有效解决了农村贫困人群就医"敲门砖"问题，探索了现代保险服务对接精准扶贫的新模式，具有在更大范围推广的典型意义。目前，甘肃省"两保一孤"保险实施方案已进入全省推广阶段。

2. 探索了政府为贫困人群提供托底式医疗保障新方式

甘肃保险业在"两保一孤"保险中借鉴引入重大疾病保险定额给付、先行赔付的做法，精确补位现有医疗保障制度缺口，实现了与新农合基本医保、城乡居民大病保险、民政医疗救助政策的有效对接，助力政府为贫困人群提供托底式医疗保障。秦安县试点不到一年，已有 81 名农村贫困群众享受到了 165 万元的保险补偿。

3. 拓展了政府财政扶贫资金发挥作用新途径

地方政府通过"两保一孤"保险，只需每人投入 60 元即让贫困人员享受到最高 3.2 万元的高额风险保障，达到了以小资金撬动大保障的"四两拨千斤"效应。"两保一孤"保险省市县三级财政共同承担保费的财政补贴方式，有效放大了财政扶贫资金使用效应，使财政扶贫资金的使用方向更加精确、使用过程更加精细、使用效果更加精准，拓展了财政扶贫资金运用的新领域，为政府推进精准扶贫、精准脱贫提供了又一路径。

链接

甘肃秦安举行"两保一孤"特困团体
重大疾病保险试点启动仪式

2015 年 7 月 20 日，甘肃省秦安县精准扶贫"两保一孤"特困团体重大疾病保险试点启动仪式在王尹乡胡坪村举行。"两保一孤"人群收入水平低，抗风险能力弱，遇到重大疾病往往束手无策。根据有关统计，秦安全县 2014 年度县内转外就医的 38 种常见病、多发病、重大疾病总人数 3636 人，住院治疗总费用 6044.18 万元，新农合补偿 3769.93 万元，人均治疗费用 16623 元，报销后人均自负费用为 6255 元，负担依然较重。为此，秦安县与保险公司合作，为"两保一孤"推出具有托底作用的医疗保障方案。具体由县扶贫办作为投保人，采取团体保单方式进行投保。保费每人每年 150 元，由政府出资 80 元、中国人寿捐助 70 元共同缴纳，参保人员无须缴纳保费，并采取先行赔付、定额报销的方式，彻底解决全县"两保一孤"特困人群手中无钱垫付医疗费用的实际困难。

第五章

保险业助推脱贫攻坚的整体部署

2016 年 5 月 26 日，中国保监会和国务院扶贫办联合印发《关于做好保险业助推脱贫攻坚工作的意见》，明确了保险业服务脱贫攻坚的主攻方向，提出了一系列政策措施，并对下一步做好保险扶贫工作作出安排和部署。展望未来，中国保险业将在党中央、国务院的坚强领导下，充分发挥保险的独特功能作用和市场机制的优势，进一步加强保险扶贫工作，切实采取有效措施，为打赢脱贫攻坚战提供强大支撑。

一、保险业助推脱贫攻坚的条件和挑战

《中共中央国务院关于打赢脱贫攻坚战的决定》明确提出，到 2020 年，稳定实现农村贫困人口不愁吃、不愁穿，义务教育、基本医疗和住房安全有保障。面对这一既定目标，可以说，脱贫攻坚战是一场时间紧、任务重、要求高的硬仗，已经到了最后啃硬骨头、攻坚拔寨的冲刺阶段。在这样一个阶段，保险业助推脱贫攻坚，既具备一定的条件，也面临一些严峻挑战。

（一）保险业助推脱贫攻坚具有的条件

1. 国家鼓励支持保险业助推脱贫攻坚

近年来，尤其是党的十八大以来，国家出台了一系列政策文件，鼓励支持保险业助推脱贫攻坚，并对保险业助推脱贫攻坚提出明确要求，充分体现

了党中央、国务院对保险业在脱贫攻坚中重要作用的高度重视。

2011年11月，党中央、国务院印发《中国农村扶贫开发纲要（2011—2020年)》，明确提出，积极发展农村保险事业，鼓励保险机构在贫困地区建立基层服务网点；完善中央财政农业保险保费补贴政策；针对贫困地区特色主导产业，鼓励地方发展特色农业保险。

2013年12月，中共中央办公厅、国务院办公厅印发《关于创新机制扎实推进农村扶贫开发工作的意见》，要求完善金融服务机制，进一步推广小额信用贷款保险，扩大农业保险的覆盖面。

2014年3月，中国人民银行、财政部、国务院扶贫办等7部门联合印发《关于全面做好扶贫开发金融服务工作的指导意见》，进一步强调，积极发展农村保险市场，构建贫困地区风险保障网络；鼓励发展特色农业保险、扶贫小额保险，扩大特色种养业险种；积极探索发展涉农信贷保证保险，提高金融机构放贷积极性；拓宽保险资金运用范围，发挥保险对贫困地区经济结构调整和转型升级的积极作用。

2015年11月，党中央、国务院印发《关于打赢脱贫攻坚战的决定》，明确提出，加大金融扶贫力度，鼓励和引导商业性、政策性、开发性、合作性等各类金融机构加大对扶贫开发的金融支持。该决定还强调：积极发展扶贫小额贷款保证保险，对贫困户保证保险保费予以补助；扩大农业保险覆盖面，通过中央财政以奖代补等方式支持贫困地区特色农产品保险发展；支持贫困地区开展特色农产品价格保险，有条件的地方可给予一定保费补贴。

2016年3月，中国人民银行、国家发展改革委、国务院扶贫办等7部门联合印发《关于金融助推脱贫攻坚的实施意见》，强调：创新发展精准扶贫保险产品和服务，扩大贫困地区农业保险覆盖范围；扩大农业保险密度和深度，通过财政以奖代补等方式支持贫困地区发展特色农产品保险；支持贫困地区开展特色农产品价格保险，有条件的地方可给予一定保费补贴；改进和推广小额贷款保证保险，为贫困户融资提供增信支持；鼓励保险机构建立健全针对贫困农户的保险保障体系，全面推进贫困地区人身和财产安全保险业务，缓解贫困群众因病致贫、因灾返贫问题。

2016年5月，农业部、国家发展改革委、财政部等9部门联合印发《贫困地区发展特色产业促进精准脱贫指导意见》，再次强调，加大保险支持力度，积极发展特色农产品保险，探索开展价格保险试点，鼓励保险机构和贫困地区开展特色农产品保险和扶贫小额贷款保证保险。

国家的积极鼓励和大力支持，为保险业助推脱贫攻坚创造了良好的政策条件。

2. 保险业的行业实力已有明显提升

近年来，保险业的市场化改革深入推进，发展势头十分强劲，行业实力不断增强，服务能力大幅提升。全国保费收入从2010年的1.3万亿元增长到2015年的2.4万亿元，年均增长13.4%；行业总资产从2010年的5万亿元增长到2015年的12万亿元，成功实现翻番；行业利润从2010年的837亿元增长到2015年的2824亿元，增加了2.4倍。保险市场规模先后赶超德国、法国、英国，在全世界的排名由第6位上升至第3位。2015年，保险业为全社会提供风险保障1718万亿元，是国内生产总值的25.4倍；保险从业人员达到717万人；对全球保险市场增长的贡献度高达30%，居全球首位。随着行业实力的不断增强，保险业服务经济社会的能力不断提升，功能作用逐步发挥，已经渗透到国家经济发展和民众日常生活的各个领域，在关系全局的现代金融、社会保障、农业保障、防灾减灾、社会管理五大体系建设中的作用进一步显现，成为服务国家治理体系和治理能力现代化的重要生力军。助推脱贫攻坚既需要行业有较强的财务实力，也需要行业有较广的服务面。行业实力和社会渗透力的不断增强，给保险业助推脱贫攻坚创造了良好的经济条件。

3. 保险业参与扶贫开发已有一定基础

保险是应对灾害、疾病、意外等致贫因素的有效工具。通过保险机制可以放大资金效用，撬动财政补贴杠杆，实现精准扶贫的要求。保险业助推脱贫攻坚，既是党中央、国务院赋予的重大政治任务，也是保障改善民生、履行社会责任的重要体现，还是开拓新领域、培育新优势的重要途径。近年来，伴随行业的持续快速健康发展，保险业充分发挥保险机制的功能作用，在助推脱贫攻坚方面做了许多工作。在组织上，中国保监会成立保险业助推脱贫攻坚工作领导小组，与国务院扶贫办联合印发《关于做好保险业助推脱贫攻坚工作的意见》，确立了涵盖组织领导、顶层设计、鼓励政策、机制保障等全方位制度体系，并召开全国工作会议，全面部署和动员，将助推脱贫攻坚作为行业的重点工作、中心工作来抓。在行动上，根据中国保监会的统一领导和部署，全行业尤其是各地保监局和保险机构与地方政府密切配合，紧密结合脱贫攻坚的客观需求，紧扣社会痛点和难点，找准定位，适时行动，大力发展农业保险、大病保险、民生保险等扶贫保险业务，取得了一定经验和成效，涌现出一批可复制、可推广的经验典型，得到了社会各界尤其是贫困群体的广泛认可，为下一步助推脱贫攻坚奠定了坚实的工作基础。

（二）保险业助推脱贫攻坚面临的挑战

1. 实施精准扶贫的保险产品数量尚少

目前，保险业投向扶贫领域的产品种类和数量已有不少，但由于其中相当部分并没有区分贫困户和非贫困户、贫困地区和非贫困地区，因而，专门针对贫困地区和贫困群体尤其是不同致贫原因和脱贫需求而"量身定制"的产品和服务仍然偏少。特别是，用于扶贫的保险产品一般由保险机构总部设计研发，对贫困地区的实际情况存在了解不够的问题，难以充分有效对接和满足多元化的脱贫保障需求。

2. 贫困地区的保险服务网络尚不健全

如今，保险业的服务范围已基本覆盖广大贫困地区，但保险机构在农村地区的机构设置和资源投入仍相对不足，大多数保险机构的基层服务网络尚不完善，存在分支机构少、人员不足等情况，服务力量薄弱，难以迅速及时为所有建档立卡贫困人员提供高效的保险保障服务。

3. 国家政策的支持力度有待进一步强化

目前，中央财政对政策性保险的补贴比例分为东部地区、中西部地区两档。虽然向中西部地区做了倾斜，但由于中部和西部以及西部各省区市间的财力状况和贫困程度存在较大差异，因而尚需进一步推进政策的差异化。另外，农业大省往往也是财政小省，由于财力有限，一些地方对中央财政补贴的配套能力较弱，不能及时或难以提供相应的财政补贴配套，影响了中央财政补贴资金的及时拨付及保险扶贫工作的顺利开展。此外，当前不少脱贫效果好的保险产品未能纳入保费补贴品种目录，不能享受到中央财政的奖补政策，也制约了保险扶贫工作覆盖面的进一步拓展。

4. 贫困群体的保险意识有待进一步提高

因受传统思想、文化水平、收入条件等多种因素影响，不少贫困群众缺乏现代保险意识，对保险公司、保险产品、保险条款等知之甚少，对保险的认同度低，与获得保险保障相比，更倾向于"看天吃饭""自我解决"，或是"等、靠、要"，主动投保的意愿不高，这在某种程度上也影响了保险扶贫工作的有效拓展。

二、下一步保险业助推脱贫攻坚的着力点

保险业助推脱贫攻坚，是在脱贫攻坚进入啃硬骨头、攻坚拔寨的冲刺阶段后，党中央、国务院赋予保险业的重大政治任务，是保险业义不容辞的社会责任和应有的责任担当。前段时间，保险业助推脱贫攻坚工作已取得明显成效。下一步，应进一步凝聚决心和力量，把助推脱贫攻坚作为重中之重，以高度的责任感、使命感和紧迫感，积极做好各项助推脱贫攻坚工作。

（一）加强组织领导

习近平总书记在 2015 年中央扶贫开发工作会议上强调，要解决好"谁

来扶"的问题，加快形成中央统筹、省（自治区、直辖市）负总责、市（地）县抓落实的扶贫开发工作机制，做到分工明确、责任清晰、任务到人、考核到位。根据这一要求，保险业下一步将在以下方面采取行动。

1. 细化扶贫职责分工

在保险业助推脱贫攻坚工作全国电视电话会议上，中国保监会对细化扶贫职责分工提出明确要求，为下一步助推脱贫攻坚提供了组织保障。具体包括：各保监局成立工作领导小组，由主要负责人任组长，统筹协调辖内保险扶贫工作；各会管单位和保险机构按照同等要求尽快成立工作领导小组，工作责任细化落实到部门、机构、个人，确保扶贫工作不走形式、不走过场；财产保险监管部要切实负起领导小组办公室职能，做好内外协调，特别要强化考核评估，把考核评估真正做实，让各部门、各公司感到压力、变成动力；统计信息部要制定好保险扶贫统计制度，科学测算出各地区、各机构的扶贫成效；资金运用监管部、中保投和党委宣传部，要加快中国保险业产业扶贫投资基金和中国保险业公益扶贫基金的筹建和充实工作；各保监局、各保险公司要按照中国保监会、国务院扶贫办文件要求，逐一梳理、对号入座，逐项予以落实。

2. 建立健全评价体系

建立科学、合理的扶贫统计分析制度和评价体系，有助于及时了解脱贫攻坚工作的进展和存在的问题，确保扶贫开发政策落到实处和各项扶贫工作顺利开展。为此，中国保监会将加强与国务院扶贫办等相关部门的协作，尽快实现保险信息与建档立卡贫困人口信息的对接，并建立脱贫攻坚保险服务专项统计监测制度，及时跟踪和监测各保险机构的工作进展，为科学的扶贫效果评估提供数据支撑。在建立统计监测制度基础上，将对扶贫工作成效适时进行评估，并及时通报评价结果，畅通扶贫工作信息反馈渠道。

3. 实施差异化监管制度

为提高保险机构在贫困地区开展扶贫惠民工作的积极性，确保贫困人群得到便捷的保险服务，中国保监会将紧密结合贫困地区实际情况，实施差异化的保险监管制度，同时适当放宽贫困地区保险机构的监管标准。目前，中国保监会正在研究制定支持保险业服务扶贫开发的优惠政策，通过完善激励机制，提升保险业服务扶贫开发工作的广度和深度。其中，对于积极履行扶贫社会责任的保险机构，将在市场准入、机构审批、高管资格、产品报备等方面予以支持；对不愿投入、不肯投入、不积极履行扶贫社会责任的保险机构，将予以通报并采取一定的监管措施。

（二）聚焦精准扶贫

习近平总书记在 2015 年中央扶贫开发工作会议上强调，要解决好"扶持谁"的问题，确保把真正的贫困人口弄清楚，把贫困人口、贫困程度、致贫原因等搞清楚，以便做到因户施策、因人施策。根据这一要求，保险业下一步将在以下方面采取行动。

1. 找准扶贫开发着力点

保险业打好脱贫攻坚战，关键就是要把思想和行动统一到中央的要求上来，紧紧抓住"精准扶贫、精准脱贫"这条主线，着力找准做好扶贫开发工作的切入点、着力点。在农业保险扶贫方面，要在扩面、提标、创新上下功夫，着力提升支农惠农力度和水平。在大病保险扶贫方面，要大力推进大病扶贫，加强不同保障制度间的互补联动，加快推进大病保险信息系统建设。在增信融资扶贫方面，要充分发挥增信和融资双重功能，并提供扶智支持，着力提升贫困人口的脱贫致富能力。

2. 加强保险产品服务创新

我国贫困地区分布广，各地区的自然条件、资源禀赋不尽相同，贫困人口的致贫原因和脱贫需求也多种多样。针对这一情况，保险业将严格遵循精准扶贫思路，紧紧围绕"精准"二字，有针对性地开发保险产品、制定服务举措，确保对象精准、产品精准、服务精准、成效精准，将保险服务送到每一个贫困家庭，覆盖贫困家庭生产生活的每一个角落，实现贫困地区保险服务到村到户到人、贫困人口"愿保尽保"。为了提高响应贫困群体需求的便捷性，将鼓励保险公司在产品开发上构建总公司与基层公司之间的协作机制，使产品研发机制的触角直接延伸到贫困地区的分支机构，增强保险公司感知贫困人口需求的灵敏度。

3. 加强贫困地区网络建设

为了更好地为贫困地区的民众提供扶贫保险保障服务，中国保监会积极鼓励保险机构把集中连片特困地区、老少边穷地区、国家级和省级扶贫开发重点县特别是建档立卡贫困村和贫困户作为支持重点，不断探索保险扶贫开发的新模式、新途径。同时，积极鼓励保险机构加强贫困地区分支机构网点建设，完善贫困地区保险服务体系，延伸贫困地区分支机构网点，构建起能够向贫困户提供"面对面"便捷服务的服务网络，实现网点乡镇全覆盖和服务行政村全覆盖，提高贫困人口保险服务的可得性和便利性。

（三）落实主体责任

习近平总书记在 2015 年中央扶贫开发工作会议上强调，扶贫开发投入力度要同打赢脱贫攻坚战的要求相匹配，要做好金融扶贫这篇文章，加快农村金融改革创新步伐。根据这一要求，保险业下一步将在以下方面采取行动。

1. 发挥保险扶贫主力军作用

脱贫攻坚是我国"十三五"时期的头等大事和第一民生工程，必须以脱贫攻坚统揽经济社会发展全局。为此，保险机构将深入学习领会党中央、国务院关于打赢脱贫攻坚战重大部署的深刻内涵，进一步增强助推脱贫攻坚的使命感和紧迫感，充分发挥保险扶贫主力军作用，积极平衡商业利益与社会责任之间的关系，创设完善保险扶贫政策，从绩效考核、资源配置等方面全面建立保险扶贫支持机制，持续加大投入，为实现到 2020 年打赢脱贫攻坚战、全面建成小康社会提供有力支撑。

2. 统筹安排各项扶贫工作

在中国保监会的统一领导和指导下，各保险机构将对保险扶贫工作进行统筹安排，编制总体规划和年度计划，做到事前有安排、事中有落实、事后有交代。将调整贫困地区基层公司的考核标准，特别是不再把扶贫保险经营亏损计入对基层的绩效考核，建立起差异化考核机制，提高基层员工开展保险扶贫的积极性。将加强贫困地区的保险技术支持及人才培养，并单独调配资源，确保资源向贫困地区和贫困人群倾斜。将积极构建针对贫困人群的理赔快速响应机制和异地理赔绿色通道，确保保险赔款及时足额发放。无论是大公司还是中小公司，都将积极响应国家号召，加大捐赠力度，自愿包村包户。

3. 资金运用适度向扶贫倾斜

在保险资金助推脱贫攻坚方面，将鼓励保险机构充分发挥保险资金长期性、稳定性的独特优势，按照风险可控、商业可持续的原则，以债权、股权、资产支持计划等多种形式，积极参与贫困地区基础设施、重点产业和民生工程建设，响应和满足可带动农户脱贫、吸引贫困农户就业的新型农业经营主体融资需求。同时，扩大保险业产业投资扶贫基金规模，并采取市场化运作方式，专项用于贫困地区的资源开发、产业园区建设和新型城镇化发展。

（四）强化统筹协调

2016 年 10 月，习近平总书记在对全国脱贫攻坚奖表彰活动作出指示时强调，要形成扶贫开发工作强大合力，万众一心，埋头苦干，切实把精准扶贫、精准脱贫落到实处。根据这一要求，保险业下一步将在以下方面采取行动。

1. 积极动员全行业力量

保险扶贫是一项复杂的系统工程，需要将思想和行动高度统一到中央决策部署上来，真心实意去实践，真刀真枪抓落实，确保助推脱贫攻坚工作取得实际成效。为此，保险业将动员全行业力量形成保险扶贫的强大合力，以高度的使命感和责任感，用心用情用力推进保险扶贫工作，确保党中央、国务院各项要求在保险业得到不折不扣的落实。

2.建立工作联动机制

保险作为服务脱贫攻坚的重要政策手段和金融工具，只有与其他扶贫政策相协调、相配合，才能更好发挥独特的功能和作用。为此，保险监管部门和保险机构将与政府扶贫部门建立工作联动机制，主动对接地方扶贫规划和政策体系，实现保险机制与扶贫工作的无缝对接。与此同时，保险业还将积极开展政策宣导，提高广大基层干部"懂保险、用保险、支持保险"的观念意识，推动地方政府运用保险这一市场化工具来解决经济社会发展问题。

（五）做好总结推广

习近平总书记在对全国脱贫攻坚奖表彰活动作出指示时强调，要广泛宣传学习先进典型，激励全党全社会进一步行动起来，激励贫困地区广大干部群众进一步行动起来，不断夺取脱贫攻坚战新胜利。根据这一要求，保险业下一步将在以下方面采取行动。

1.加强典型案例宣传

目前，保险业已形成一批可推广、可复制的典型经验和模式，如河北阜平"金融扶贫、保险先行"模式、宁夏"脱贫保"模式、云南昭通医疗费用"一站式报销"模式、河南兰考"脱贫路上零风险"模式等。保险业将及时梳理、系统总结保险扶贫工作中的这些典型经验、成功案例和工作做法，充分发挥先进典型的示范带动效应，鼓励其他地区结合本地实际学习、复制和推广。

2.强化保险消费者教育

针对各个地区和基层保险机构创造的新鲜经验，综合运用多种媒体、保险机构网点以及村镇、社区公共宣传栏，有针对性地开展宣传，增进贫困地区和贫困人口对保险扶贫政策的了解，提高民众的保险意识和运用保险工具分散风险的能力，营造有利于保险业助推脱贫攻坚的良好氛围。与此同时，加强对贫困地区保险消费者的普及教育和权益保护，切实保障贫困地区保险消费者的合法权益。

3.扩大保险扶贫试点

在助推脱贫攻坚过程中，有计划、有步骤地设立一些保险扶贫创新试点，有利于以点带面、打造亮点工程，并为其他地区开展保险扶贫工作提供经验借鉴。2016年7月，在中国保监会支持和指导下，贵州"保险助推脱贫攻坚"示范区建设正式拉开序幕，为贵州实现"坚决打赢脱贫攻坚战、确保同步全面建成小康社会"的扶贫开发目标提供了强大助力。下一步，保险业将加大对保险扶贫创新试点的支持力度，并及时总结推广先进经验，发挥先进典型的示范带动效应。

三、保险业助推脱贫攻坚的相关政策支持

保险业助推脱贫攻坚是一项系统工程，既离不开全行业的不懈努力，也离不开党中央、国务院以及各级党委、政府的重视和支持。为了更好发挥保险的功能作用和体制机制优势，下一步尚需在一些方面得到国家和地方的大力支持。

（一）完善配套政策举措

1.将保险扶贫纳入地方扶贫规划和政策体系

保险作为服务脱贫攻坚的重要手段和金融工具，只有融入扶贫政策体系，与其他政策工具相协调、相配合，才能更好发挥功能作用。地方政府应提高对保险机制的重视力度，将保险扶贫纳入脱贫攻坚总体部署，列为重要工作内容，从政策指导、资金安排、工作协调、数据共享等方面积极支持保险业助推脱贫攻坚工作，使保险机制的独特功能和价值得到充分发挥和彰显。

2.加大财政补贴和税收减免等政策支持力度

近年来，中央政府对扶贫工作高度重视，财政投入的规模和力度前所

未有。为了进一步提高财政扶贫资金的使用效率，中央政府和地方政府应继续发挥综合平衡和协调作用，加大对建档立卡贫困人口参加相关保险安排的政策支持，包括扩大中央和地方财政对保费的补贴范围、实施税收减免等，使保险机制在防止贫困群众因病因灾致贫返贫方面发挥更大作用。

3.完善贫困地区的风险分担和补偿体系

贫困地区大多是自然条件较为恶劣、生产生活风险发生较为集中的地区。为切实帮助贫困人口防范化解生产生活风险，达到真脱贫、不返贫的目的，应进一步完善贫困地区的风险分担和补偿体系，实现保险机制与其他风险分担和补偿机制的有机结合，使各类风险分担和补偿机制合理分工、互相配合、相得益彰。

（二）建立互动联动机制

1.加强相关部门之间的政策互动

加强中国保监会与国家其他扶贫相关部门之间的政策互动，整合现有支持保险业助推脱贫攻坚的政策举措，填补支持保险业助推脱贫攻坚的政策空白，扫除现有的政策盲点，推动保险业助推脱贫攻坚不断"提质扩面"。

2.加强相关部门之间的工作联动

健全中国保监会与国家其他扶贫相关部门之间的工作联动机制，实现各部门之间在扶贫工作上的无缝对接，动态追踪扶贫工作进展情况，及时协调解决保险扶贫中出现的相关问题。

3.加强相关部门之间的信息共享

完善中国保监会与国家其他扶贫相关部门之间的信息共享机制，使保险监管部门和保险机构能够快捷地获得关于贫困地区、贫困群众和特困学生的各种相关数据和信息，支持保险业通过有针对性地提供产品和服务开展精准扶贫。

（三）加强保险扶贫宣传

1.增强干部群众运用保险脱贫的观念意识

各级党委、政府应鼓励支持报纸、电视、网络等各种媒体加大对保险扶贫工作的宣传，使广大干部群众特别是贫困人群充分认识到保险机制在脱贫攻坚中的独特价值和作用，自觉运用保险这一市场化工具帮助实现稳定脱贫目标，从根本上抑制各种致贫返贫因素的产生。

2.加大对保险扶贫先进经验和典型的推介

各级党委、政府应会同保险监管部门，及时总结推广保险业助推脱贫攻坚的典型经验和先进方法，大力褒扬先进典型和模范人物，给保险业助推脱贫攻坚营造良好社会氛围，凝聚扶贫正能量。

（四）完善人才交流机制

按照"走出去，请进来"的基本思路，建立保险业与地方政府间高层次人才双向交流机制，加大彼此间干部交流挂职锻炼力度，通过人员的交互挂职促进保险业与地方政府间的有机融合，增强地方政府运用保险实现精准扶贫和推动发展的内生动力。

附录：

中共中央国务院关于打赢脱贫攻坚战的决定

（2015 年 11 月 29 日）

确保到 2020 年农村贫困人口实现脱贫，是全面建成小康社会最艰巨的任务。现就打赢脱贫攻坚战作出如下决定。

一、增强打赢脱贫攻坚战的使命感紧迫感

消除贫困、改善民生、逐步实现共同富裕，是社会主义的本质要求，是我们党的重要使命。改革开放以来，我们实施大规模扶贫开发，使 7 亿农村贫困人口摆脱贫困，取得了举世瞩目的伟大成就，谱写了人类反贫困历史上的辉煌篇章。党的十八大以来，我们把扶贫开发工作纳入"四个全面"战略布局，作为实现第一个百年奋斗目标的重点工作，摆在更加突出的位置，大力实施精准扶贫，不断丰富和拓展中国特色扶贫开发道路，不断开创扶贫开发事业新局面。

我国扶贫开发已进入啃硬骨头、攻坚拔寨的冲刺期。中西部一些省（自治区、直辖市）贫困人口规模依然较大，剩下的贫困人口贫困程度较深，减贫成本更高，脱贫难度更大。实现到 2020 年让 7000 多万农村贫困人口摆脱贫困的既定目标，时间十分紧迫、任务相当繁重。必须在现有基础上不断创新扶贫开发思路和办法，坚决打赢这场攻坚战。

扶贫开发事关全面建成小康社会，事关人民福祉，事关巩固党的执政基础，事关国家长治久安，事关我国国际形象。打赢脱贫攻坚战，是促进全体

人民共享改革发展成果、实现共同富裕的重大举措，是体现中国特色社会主义制度优越性的重要标志，也是经济发展新常态下扩大国内需求、促进经济增长的重要途径。各级党委和政府必须把扶贫开发工作作为重大政治任务来抓，切实增强责任感、使命感和紧迫感，切实解决好思想认识不到位、体制机制不健全、工作措施不落实等突出问题，不辱使命、勇于担当，只争朝夕、真抓实干，加快补齐全面建成小康社会中的这块突出短板，决不让一个地区、一个民族掉队，实现《中共中央关于制定国民经济和社会发展第十三个五年规划的建议》确定的脱贫攻坚目标。

二、打赢脱贫攻坚战的总体要求

（一）指导思想

全面贯彻落实党的十八大和十八届二中、三中、四中、五中全会精神，以邓小平理论、"三个代表"重要思想、科学发展观为指导，深入贯彻习近平总书记系列重要讲话精神，围绕"四个全面"战略布局，牢固树立并切实贯彻创新、协调、绿色、开放、共享的发展理念，充分发挥政治优势和制度优势，把精准扶贫、精准脱贫作为基本方略，坚持扶贫开发与经济社会发展相互促进，坚持精准帮扶与集中连片特殊困难地区开发紧密结合，坚持扶贫开发与生态保护并重，坚持扶贫开发与社会保障有效衔接，咬定青山不放松，采取超常规举措，拿出过硬办法，举全党全社会之力，坚决打赢脱贫攻坚战。

（二）总体目标

到 2020 年，稳定实现农村贫困人口不愁吃、不愁穿，义务教育、基本医疗和住房安全有保障。实现贫困地区农民人均可支配收入增长幅度高于全国平均水平，基本公共服务主要领域指标接近全国平均水平。确保我国现行标准下农村贫困人口实现脱贫，贫困县全部摘帽，解决区域性整体贫困。

（三）基本原则

——坚持党的领导，夯实组织基础。充分发挥各级党委总揽全局、协调各方的领导核心作用，严格执行脱贫攻坚一把手负责制，省市县乡村五级书记一起抓。切实加强贫困地区农村基层党组织建设，使其成为带领群众脱贫致富的坚强战斗堡垒。

——坚持政府主导，增强社会合力。强化政府责任，引领市场、社会协同发力，鼓励先富帮后富，构建专项扶贫、行业扶贫、社会扶贫互为补充的大扶贫格局。

——坚持精准扶贫，提高扶贫成效。扶贫开发贵在精准，重在精准，必须解决好扶持谁、谁来扶、怎么扶的问题，做到扶真贫、真扶贫、真脱贫，切实提高扶贫成果可持续性，让贫困人口有更多的获得感。

——坚持保护生态，实现绿色发展。牢固树立绿水青山就是金山银山的理念，把生态保护放在优先位置，扶贫开发不能以牺牲生态为代价，探索生态脱贫新路子，让贫困人口从生态建设与修复中得到更多实惠。

——坚持群众主体，激发内生动力。继续推进开发式扶贫，处理好国家、社会帮扶和自身努力的关系，发扬自力更生、艰苦奋斗、勤劳致富精神，充分调动贫困地区干部群众积极性和创造性，注重扶贫先扶智，增强贫困人口自我发展能力。

——坚持因地制宜，创新体制机制。突出问题导向，创新扶贫开发路径，由"大水漫灌"向"精准滴灌"转变；创新扶贫资源使用方式，由多头分散向统筹集中转变；创新扶贫开发模式，由偏重"输血"向注重"造血"转变；创新扶贫考评体系，由侧重考核地区生产总值向主要考核脱贫成效转变。

三、实施精准扶贫方略，加快贫困人口精准脱贫

（四）健全精准扶贫工作机制。抓好精准识别、建档立卡这个关键环节，为打赢脱贫攻坚战打好基础，为推进城乡发展一体化、逐步实现基本公共服

务均等化创造条件。按照扶持对象精准、项目安排精准、资金使用精准、措施到户精准、因村派人精准、脱贫成效精准的要求，使建档立卡贫困人口中有 5000 万人左右通过产业扶持、转移就业、易地搬迁、教育支持、医疗救助等措施实现脱贫，其余完全或部分丧失劳动能力的贫困人口实行社保政策兜底脱贫。对建档立卡贫困村、贫困户和贫困人口定期进行全面核查，建立精准扶贫台账，实行有进有出的动态管理。根据致贫原因和脱贫需求，对贫困人口实行分类扶持。建立贫困户脱贫认定机制，对已经脱贫的农户，在一定时期内让其继续享受扶贫相关政策，避免出现边脱贫、边返贫现象，切实做到应进则进、应扶则扶。抓紧制定严格、规范、透明的国家扶贫开发工作重点县退出标准、程序、核查办法。重点县退出，由县提出申请，市（地）初审，省级审定，报国务院扶贫开发领导小组备案。重点县退出后，在攻坚期内国家原有扶贫政策保持不变，抓紧制定攻坚期后国家帮扶政策。加强对扶贫工作绩效的社会监督，开展贫困地区群众扶贫满意度调查，建立对扶贫政策落实情况和扶贫成效的第三方评估机制。评价精准扶贫成效，既要看减贫数量，更要看脱贫质量，不提不切实际的指标，对弄虚作假搞"数字脱贫"的，要严肃追究责任。

（五）发展特色产业脱贫。制定贫困地区特色产业发展规划。出台专项政策，统筹使用涉农资金，重点支持贫困村、贫困户因地制宜发展种养业和传统手工业等。实施贫困村"一村一品"产业推进行动，扶持建设一批贫困人口参与度高的特色农业基地。加强贫困地区农民合作社和龙头企业培育，发挥其对贫困人口的组织和带动作用，强化其与贫困户的利益联结机制。支持贫困地区发展农产品加工业，加快一二三产业融合发展，让贫困户更多分享农业全产业链和价值链增值收益。加大对贫困地区农产品品牌推介营销支持力度。依托贫困地区特有的自然人文资源，深入实施乡村旅游扶贫工程。科学合理有序开发贫困地区水电、煤炭、油气等资源，调整完善资源开发收益分配政策。探索水电利益共享机制，将从发电中提取的资金优先用于水库移民和库区后续发展。引导中央企业、民营企业分别设立贫困地区产业投资基金，采取市场化运作方式，主要用于吸引企业到贫困地区从事资源开发、产业园区建设、新型城镇化发展等。

（六）引导劳务输出脱贫。加大劳务输出培训投入，统筹使用各类培训资源，以就业为导向，提高培训的针对性和有效性。加大职业技能提升计划和贫困户教育培训工程实施力度，引导企业扶贫与职业教育相结合，鼓励职业院校和技工学校招收贫困家庭子女，确保贫困家庭劳动力至少掌握一门致富技能，实现靠技能脱贫。进一步加大就业专项资金向贫困地区转移支付力度。支持贫困地区建设县乡基层劳动就业和社会保障服务平台，引导和支持用人企业在贫困地区建立劳务培训基地，开展好订单定向培训，建立和完善输出地与输入地劳务对接机制。鼓励地方对跨省务工的农村贫困人口给予交通补助。大力支持家政服务、物流配送、养老服务等产业发展，拓展贫困地区劳动力外出就业空间。加大对贫困地区农民工返乡创业政策扶持力度。对在城镇工作生活一年以上的农村贫困人口，输入地政府要承担相应的帮扶责任，并优先提供基本公共服务，促进有能力在城镇稳定就业和生活的农村贫困人口有序实现市民化。

（七）实施易地搬迁脱贫。对居住在生存条件恶劣、生态环境脆弱、自然灾害频发等地区的农村贫困人口，加快实施易地扶贫搬迁工程。坚持群众自愿、积极稳妥的原则，因地制宜选择搬迁安置方式，合理确定住房建设标准，完善搬迁后续扶持政策，确保搬迁对象有业可就、稳定脱贫，做到搬得出、稳得住、能致富。要紧密结合推进新型城镇化，编制实施易地扶贫搬迁规划，支持有条件的地方依托小城镇、工业园区安置搬迁群众，帮助其尽快实现转移就业，享有与当地群众同等的基本公共服务。加大中央预算内投资和地方各级政府投入力度，创新投融资机制，拓宽资金来源渠道，提高补助标准。积极整合交通建设、农田水利、土地整治、地质灾害防治、林业生态等支农资金和社会资金，支持安置区配套公共设施建设和迁出区生态修复。利用城乡建设用地增减挂钩政策支持易地扶贫搬迁。为符合条件的搬迁户提供建房、生产、创业贴息贷款支持。支持搬迁安置点发展物业经济，增加搬迁户财产性收入。探索利用农民进城落户后自愿有偿退出的农村空置房屋和土地安置易地搬迁农户。

（八）结合生态保护脱贫。国家实施的退耕还林还草、天然林保护、防护林建设、石漠化治理、防沙治沙、湿地保护与恢复、坡耕地综合整治、退牧还草、水生态治理等重大生态工程，在项目和资金安排上进一步向贫困地区倾斜，提高贫困人口参与度和受益水平。加大贫困地区生态保护修复力度，增加重点生态功能区转移支付。结合建立国家公园体制，创新生态资金使用方式，利用生态补偿和生态保护工程资金使当地有劳动能力的部分贫困人口转为护林员等生态保护人员。合理调整贫困地区基本农田保有指标，加大贫困地区新一轮退耕还林还草力度。开展贫困地区生态综合补偿试点，健全公益林补偿标准动态调整机制，完善草原生态保护补助奖励政策，推动地区间建立横向生态补偿制度。

（九）着力加强教育脱贫。加快实施教育扶贫工程，让贫困家庭子女都能接受公平有质量的教育，阻断贫困代际传递。国家教育经费向贫困地区、基础教育倾斜。健全学前教育资助制度，帮助农村贫困家庭幼儿接受学前教育。稳步推进贫困地区农村义务教育阶段学生营养改善计划。加大对乡村教师队伍建设的支持力度，特岗计划、国培计划向贫困地区基层倾斜，为贫困地区乡村学校定向培养留得下、稳得住的一专多能教师，制定符合基层实际的教师招聘引进办法，建立省级统筹乡村教师补充机制，推动城乡教师合理流动和对口支援。全面落实连片特困地区乡村教师生活补助政策，建立乡村教师荣誉制度。合理布局贫困地区农村中小学校，改善基本办学条件，加快标准化建设，加强寄宿制学校建设，提高义务教育巩固率。普及高中阶段教育，率先从建档立卡的家庭经济困难学生实施普通高中免除学杂费、中等职业教育免除学杂费，让未升入普通高中的初中毕业生都能接受中等职业教育。加强有专业特色并适应市场需求的中等职业学校建设，提高中等职业教育国家助学金资助标准。努力办好贫困地区特殊教育和远程教育。建立保障农村和贫困地区学生上重点高校的长效机制，加大对贫困家庭大学生的救助力度。对贫困家庭离校未就业的高校毕业生提供就业支持。实施教育扶贫结对帮扶行动计划。

（十）开展医疗保险和医疗救助脱贫。实施健康扶贫工程，保障贫困人口享有基本医疗卫生服务，努力防止因病致贫、因病返贫。对贫困人口参加新型农村合作医疗个人缴费部分由财政给予补贴。新型农村合作医疗和大病保险制度对贫困人口实行政策倾斜，门诊统筹率先覆盖所有贫困地区，降低贫困人口大病费用实际支出，对新型农村合作医疗和大病保险支付后自负费用仍有困难的，加大医疗救助、临时救助、慈善救助等帮扶力度，将贫困人口全部纳入重特大疾病救助范围，使贫困人口大病医治得到有效保障。加大农村贫困残疾人康复服务和医疗救助力度，扩大纳入基本医疗保险范围的残疾人医疗康复项目。建立贫困人口健康卡。对贫困人口大病实行分类救治和先诊疗后付费的结算机制。建立全国三级医院（含军队和武警部队医院）与连片特困地区县和国家扶贫开发工作重点县县级医院稳定持续的一对一帮扶关系。完成贫困地区县乡村三级医疗卫生服务网络标准化建设，积极促进远程医疗诊治和保健咨询服务向贫困地区延伸。为贫困地区县乡医疗卫生机构订单定向免费培养医学类本专科学生，支持贫困地区实施全科医生和专科医生特设岗位计划，制定符合基层实际的人才招聘引进办法。支持和引导符合条件的贫困地区乡村医生按规定参加城镇职工基本养老保险。采取针对性措施，加强贫困地区传染病、地方病、慢性病等防治工作。全面实施贫困地区儿童营养改善、新生儿疾病免费筛查、妇女"两癌"免费筛查、孕前优生健康免费检查等重大公共卫生项目。加强贫困地区计划生育服务管理工作。

（十一）实行农村最低生活保障制度兜底脱贫。完善农村最低生活保障制度，对无法依靠产业扶持和就业帮助脱贫的家庭实行政策性保障兜底。加大农村低保省级统筹力度，低保标准较低的地区要逐步达到国家扶贫标准。尽快制定农村最低生活保障制度与扶贫开发政策有效衔接的实施方案。进一步加强农村低保申请家庭经济状况核查工作，将所有符合条件的贫困家庭纳入低保范围，做到应保尽保。加大临时救助制度在贫困地区落实力度。提高农村特困人员供养水平，改善供养条件。抓紧建立农村低保和扶贫开发的数据互通、资源共享信息平台，实现动态监测管理、工作机制有效衔接。加快完善城乡居民基本养老保险制度，适时提高基础养老金标准，引导农村贫困人口积极参保续保，逐步提高保障水平。有条件、有需求地区可以实施"以粮济贫"。

（十二）探索资产收益扶贫。在不改变用途的情况下，财政专项扶贫资金和其他涉农资金投入设施农业、养殖、光伏、水电、乡村旅游等项目形成的资产，具备条件的可折股量化给贫困村和贫困户，尤其是丧失劳动能力的贫困户。资产可由村集体、合作社或其他经营主体统一经营。要强化监督管理，明确资产运营方对财政资金形成资产的保值增值责任，建立健全收益分配机制，确保资产收益及时回馈持股贫困户。支持农民合作社和其他经营主体通过土地托管、牲畜托养和吸收农民土地经营权入股等方式，带动贫困户增收。贫困地区水电、矿产等资源开发，赋予土地被占用的村集体股权，让贫困人口分享资源开发收益。

（十三）健全留守儿童、留守妇女、留守老人和残疾人关爱服务体系。对农村"三留守"人员和残疾人进行全面摸底排查，建立详实完备、动态更新的信息管理系统。加强儿童福利院、救助保护机构、特困人员供养机构、残疾人康复托养机构、社区儿童之家等服务设施和队伍建设，不断提高管理服务水平。建立家庭、学校、基层组织、政府和社会力量相衔接的留守儿童关爱服务网络。加强对未成年人的监护。健全孤儿、事实无人抚养儿童、低收入家庭重病重残等困境儿童的福利保障体系。健全发现报告、应急处置、帮扶干预机制，帮助特殊贫困家庭解决实际困难。加大贫困残疾人康复工程、特殊教育、技能培训、托养服务实施力度。针对残疾人的特殊困难，全面建立困难残疾人生活补贴和重度残疾人护理补贴制度。对低保家庭中的老年人、未成年人、重度残疾人等重点救助对象，提高救助水平，确保基本生活。引导和鼓励社会力量参与特殊群体关爱服务工作。

四、加强贫困地区基础设施建设，加快破除发展瓶颈制约

（十四）加快交通、水利、电力建设。推动国家铁路网、国家高速公路网连接贫困地区的重大交通项目建设，提高国道省道技术标准，构建贫困地区外通内联的交通运输通道。大幅度增加中央投资投入中西部地区和贫困地区的铁路、公路建设，继续实施车购税对农村公路建设的专项转移政策，提高贫困地区农村公路建设补助标准，加快完成具备条件的乡镇和建制村通硬化路的建设任务，加强农村公路安全防护和危桥改造，推动一定人口规模的自然村通公路。加强贫困地区重大水利工程、病险水库水闸除险加固、灌区续建配套与节水改造等水利项目建设。实施农村饮水安全巩固提升工程，全面解决贫困人口饮水安全问题。小型农田水利、"五小水利"工程等建设向贫困村倾斜。对贫困地区农村公益性基础设施管理养护给予支持。加大对贫困地区抗旱水源建设、中小河流治理、水土流失综合治理力度。加强山洪和地质灾害防治体系建设。大力扶持贫困地区农村水电开发。加强贫困地区农村气象为农服务体系和灾害防御体系建设。加快推进贫困地区农网改造升级，全面提升农网供电能力和供电质量，制定贫困村通动力电规划，提升贫困地区电力普遍服务水平。增加贫困地区年度发电指标。提高贫困地区水电工程留存电量比例。加快推进光伏扶贫工程，支持光伏发电设施接入电网运行，发展光伏农业。

（十五）加大"互联网＋"扶贫力度。完善电信普遍服务补偿机制，加快推进宽带网络覆盖贫困村。实施电商扶贫工程。加快贫困地区物流配送体系建设，支持邮政、供销合作等系统在贫困乡村建立服务网点。支持电商企业拓展农村业务，加强贫困地区农产品网上销售平台建设。加强贫困地区农村电商人才培训。对贫困家庭开设网店给予网络资费补助、小额信贷等支持。开展互联网为农便民服务，提升贫困地区农村互联网金融服务水平，扩大信息进村入户覆盖面。

（十六）加快农村危房改造和人居环境整治。加快推进贫困地区农村危房改造，统筹开展农房抗震改造，把建档立卡贫困户放在优先位置，提高补助标准，探索采用贷款贴息、建设集体公租房等多种方式，切实保障贫困户基本住房安全。加大贫困村生活垃圾处理、污水治理、改厕和村庄绿化美化力度。加大贫困地区传统村落保护力度。继续推进贫困地区农村环境连片整治。加大贫困地区以工代赈投入力度，支持农村山水田林路建设和小流域综合治理。财政支持的微小型建设项目，涉及贫困村的，允许按照一事一议方式直接委托村级组织自建自管。以整村推进为平台，加快改善贫困村生产生活条件，扎实推进美丽宜居乡村建设。

（十七）重点支持革命老区、民族地区、边疆地区、连片特困地区脱贫攻坚。出台加大脱贫攻坚力度支持革命老区开发建设指导意见，加快实施重点贫困革命老区振兴发展规划，扩大革命老区财政转移支付规模。加快推进民族地区重大基础设施项目和民生工程建设，实施少数民族特困地区和特困群体综合扶贫工程，出台人口较少民族整体脱贫的特殊政策措施。改善边疆民族地区义务教育阶段基本办学条件，建立健全双语教学体系，加大教育对口支援力度，积极发展符合民族地区实际的职业教育，加强民族地区师资培训。加强少数民族特色村镇保护与发展。大力推进兴边富民行动，加大边境地区转移支付力度，完善边民补贴机制，充分考虑边境地区特殊需要，集中改善边民生产生活条件，扶持发展边境贸易和特色经济，使边民能够安心生产生活、安心守边固边。完善片区联系协调机制，加快实施集中连片特殊困难地区区域发展与脱贫攻坚规划。加大中央投入力度，采取特殊扶持政策，推进西藏、四省藏区和新疆南疆四地州脱贫攻坚。

五、强化政策保障，健全脱贫攻坚支撑体系

（十八）加大财政扶贫投入力度。发挥政府投入在扶贫开发中的主体和主导作用，积极开辟扶贫开发新的资金渠道，确保政府扶贫投入力度与脱贫

攻坚任务相适应。中央财政继续加大对贫困地区的转移支付力度，中央财政专项扶贫资金规模实现较大幅度增长，一般性转移支付资金、各类涉及民生的专项转移支付资金和中央预算内投资进一步向贫困地区和贫困人口倾斜。加大中央集中彩票公益金对扶贫的支持力度。农业综合开发、农村综合改革转移支付等涉农资金要明确一定比例用于贫困村。各部门安排的各项惠民政策、项目和工程，要最大限度地向贫困地区、贫困村、贫困人口倾斜。各省（自治区、直辖市）要根据本地脱贫攻坚需要，积极调整省级财政支出结构，切实加大扶贫资金投入。从 2016 年起通过扩大中央和地方财政支出规模，增加对贫困地区水电路气网等基础设施建设和提高基本公共服务水平的投入。建立健全脱贫攻坚多规划衔接、多部门协调长效机制，整合目标相近、方向类同的涉农资金。按照权责一致原则，支持连片特困地区县和国家扶贫开发工作重点县围绕本县突出问题，以扶贫规划为引领，以重点扶贫项目为平台，把专项扶贫资金、相关涉农资金和社会帮扶资金捆绑集中使用。严格落实国家在贫困地区安排的公益性建设项目取消县级和西部连片特困地区地市级配套资金的政策，并加大中央和省级财政投资补助比重。在扶贫开发中推广政府与社会资本合作、政府购买服务等模式。加强财政监督检查和审计、稽查等工作，建立扶贫资金违规使用责任追究制度。纪检监察机关对扶贫领域虚报冒领、截留私分、贪污挪用、挥霍浪费等违法违规问题，坚决从严惩处。推进扶贫开发领域反腐倡廉建设，集中整治和加强预防扶贫领域职务犯罪工作。贫困地区要建立扶贫公告公示制度，强化社会监督，保障资金在阳光下运行。

（十九）加大金融扶贫力度。鼓励和引导商业性、政策性、开发性、合作性等各类金融机构加大对扶贫开发的金融支持。运用多种货币政策工具，向金融机构提供长期、低成本的资金，用于支持扶贫开发。设立扶贫再贷款，实行比支农再贷款更优惠的利率，重点支持贫困地区发展特色产业和贫困人口就业创业。运用适当的政策安排，动用财政贴息资金及部分金融机构的富余资金，对接政策性、开发性金融机构的资金需求，拓宽扶贫资金来源渠道。由国家开发银行和中国农业发展银行发行政策性金融债，按照微利或保本的原则发放长期贷款，中央财政给予90%的贷款贴息，专项用于易地扶贫搬迁。国家开发银行、中国农业发展银行分别设立"扶贫金融事业部"，依法享受税收优惠。中国农业银行、邮政储蓄银行、农村信用社等金融机构要延伸服务网络，创新金融产品，增加贫困地区信贷投放。对有稳定还款来源的扶贫项目，允许采用过桥贷款方式，撬动信贷资金投入。按照省（自治区、直辖市）负总责的要求，建立和完善省级扶贫开发投融资主体。支持农村信用社、村镇银行等金融机构为贫困户提供免抵押、免担保扶贫小额信贷，由财政按基础利率贴息。加大创业担保贷款、助学贷款、妇女小额贷款、康复扶贫贷款实施力度。优先支持在贫困地区设立村镇银行、小额贷款公司等机构。支持贫困地区培育发展农民资金互助组织，开展农民合作社信用合作试点。支持贫困地区设立扶贫贷款风险补偿基金。支持贫困地区设立政府出资的融资担保机构，重点开展扶贫担保业务。积极发展扶贫小额贷款保证保险，对贫困户保证保险保费予以补助。扩大农业保险覆盖面，通过中央财政以奖代补等支持贫困地区特色农产品保险发展。加强贫困地区金融服务基础设施建设，优化金融生态环境。支持贫困地区开展特色农产品价格保险，有条件的地方可给予一定保费补贴。有效拓展贫困地区抵押物担保范围。

（二十）完善扶贫开发用地政策。支持贫困地区根据第二次全国土地调查及最新年度变更调查成果，调整完善土地利用总体规划。新增建设用地计划指标优先保障扶贫开发用地需要，专项安排国家扶贫开发工作重点县年度新增建设用地计划指标。中央和省级在安排土地整治工程和项目、分配下达高标准基本农田建设计划和补助资金时，要向贫困地区倾斜。在连片特困地区和国家扶贫开发工作重点县开展易地扶贫搬迁，允许将城乡建设用地增减挂钩指标在省域范围内使用。在有条件的贫困地区，优先安排国土资源管理制度改革试点，支持开展历史遗留工矿废弃地复垦利用、城镇低效用地再开发和低丘缓坡荒滩等未利用地开发利用试点。

（二十一）发挥科技、人才支撑作用。加大科技扶贫力度，解决贫困地区特色产业发展和生态建设中的关键技术问题。加大技术创新引导专项（基金）对科技扶贫的支持，加快先进适用技术成果在贫困地区的转化。深入推行科技特派员制度，支持科技特派员开展创业式扶贫服务。强化贫困地区基层农技推广体系建设，加强新型职业农民培训。加大政策激励力度，鼓励各类人才扎根贫困地区基层建功立业，对表现优秀的人员在职称评聘等方面给予倾斜。大力实施边远贫困地区、边疆民族地区和革命老区人才支持计划，贫困地区本土人才培养计划。积极推进贫困村创业致富带头人培训工程。

六、广泛动员全社会力量，合力推进脱贫攻坚

（二十二）健全东西部扶贫协作机制。加大东西部扶贫协作力度，建立精准对接机制，使帮扶资金主要用于贫困村、贫困户。东部地区要根据财力增长情况，逐步增加对口帮扶财政投入，并列入年度预算。强化以企业合作为载体的扶贫协作，鼓励东西部按照当地主体功能定位共建产业园区，推动东部人才、资金、技术向贫困地区流动。启动实施经济强县（市）与国家扶贫开发工作重点县"携手奔小康"行动，东部各省（直辖市）在努力做好本区域内扶贫开发工作的同时，更多发挥县（市）作用，与扶贫协作省份的国家扶贫开发工作重点县开展结对帮扶。建立东西部扶贫协作考核评价机制。

（二十三）健全定点扶贫机制。进一步加强和改进定点扶贫工作，建立考核评价机制，确保各单位落实扶贫责任。深入推进中央企业定点帮扶贫困革命老区县"百县万村"活动。完善定点扶贫牵头联系机制，各牵头部门要按照分工督促指导各单位做好定点扶贫工作。

（二十四）健全社会力量参与机制。鼓励支持民营企业、社会组织、个人参与扶贫开发，实现社会帮扶资源和精准扶贫有效对接。引导社会扶贫重心下移，自愿包村包户，做到贫困户都有党员干部或爱心人士结对帮扶。吸

纳农村贫困人口就业的企业，按规定享受税收优惠、职业培训补贴等就业支持政策。落实企业和个人公益扶贫捐赠所得税税前扣除政策。充分发挥各民主党派、无党派人士在人才和智力扶贫上的优势和作用。工商联系统组织民营企业开展"万企帮万村"精准扶贫行动。通过政府购买服务等方式，鼓励各类社会组织开展到村到户精准扶贫。完善扶贫龙头企业认定制度，增强企业辐射带动贫困户增收的能力。鼓励有条件的企业设立扶贫公益基金和开展扶贫公益信托。发挥好"10·17"全国扶贫日社会动员作用。实施扶贫志愿者行动计划和社会工作专业人才服务贫困地区计划。着力打造扶贫公益品牌，全面及时公开扶贫捐赠信息，提高社会扶贫公信力和美誉度。构建社会扶贫信息服务网络，探索发展公益众筹扶贫。

七、大力营造良好氛围，为脱贫攻坚提供强大精神动力

（二十五）创新中国特色扶贫开发理论。深刻领会习近平总书记关于新时期扶贫开发的重要战略思想，系统总结我们党和政府领导亿万人民摆脱贫困的历史经验，提炼升华精准扶贫的实践成果，不断丰富完善中国特色扶贫开发理论，为脱贫攻坚注入强大思想动力。

（二十六）加强贫困地区乡风文明建设。培育和践行社会主义核心价值观，大力弘扬中华民族自强不息、扶贫济困传统美德，振奋贫困地区广大干部群众精神，坚定改变贫困落后面貌的信心和决心，凝聚全党全社会扶贫开发强大合力。倡导现代文明理念和生活方式，改变落后风俗习惯，善于发挥乡规民约在扶贫济困中的积极作用，激发贫困群众奋发脱贫的热情。推动文化投入向贫困地区倾斜，集中实施一批文化惠民扶贫项目，普遍建立村级文化中心。深化贫困地区文明村镇和文明家庭创建。推动贫困地区县级公共文化体育设施达到国家标准。支持贫困地区挖掘保护和开发利用红色、民族、民间文化资源。鼓励文化单位、文艺工作者和其他社会力量为贫困地区提供文化产品和服务。

（二十七）扎实做好脱贫攻坚宣传工作。坚持正确舆论导向，全面宣传我国扶贫事业取得的重大成就，准确解读党和政府扶贫开发的决策部署、政策举措，生动报道各地区各部门精准扶贫、精准脱贫丰富实践和先进典型。建立国家扶贫荣誉制度，表彰对扶贫开发作出杰出贡献的组织和个人。加强对外宣传，讲好减贫的中国故事，传播好减贫的中国声音，阐述好减贫的中国理念。

（二十八）加强国际减贫领域交流合作。通过对外援助、项目合作、技术扩散、智库交流等多种形式，加强与发展中国家和国际机构在减贫领域的交流合作。积极借鉴国际先进减贫理念与经验。履行减贫国际责任，积极落实联合国 2030 年可持续发展议程，对全球减贫事业作出更大贡献。

八、切实加强党的领导，为脱贫攻坚提供坚强政治保障

（二十九）强化脱贫攻坚领导责任制。实行中央统筹、省（自治区、直辖市）负总责、市（地）县抓落实的工作机制，坚持片区为重点、精准到村到户。党中央、国务院主要负责统筹制定扶贫开发大政方针，出台重大政策举措，规划重大工程项目。省（自治区、直辖市）党委和政府对扶贫开发工作负总责，抓好目标确定、项目下达、资金投放、组织动员、监督考核等工作。市（地）党委和政府要做好上下衔接、域内协调、督促检查工作，把精力集中在贫困县如期摘帽上。县级党委和政府承担主体责任，书记和县长是第一责任人，做好进度安排、项目落地、资金使用、人力调配、推进实施等工作。要层层签订脱贫攻坚责任书，扶贫开发任务重的省（自治区、直辖市）党政主要领导要向中央签署脱贫责任书，每年要向中央作扶贫脱贫进展情况的报告。省（自治区、直辖市）党委和政府要向市（地）、县（市）、乡镇提出要求，层层落实责任制。中央和国家机关各部门要按照部门职责落实扶贫开发责任，实现部门专项规划与脱贫攻坚规划有效衔接，充分运用行业资源做好扶贫开发工作。军队和武警部队要发挥优势，积极参与地方扶贫开发。

改进县级干部选拔任用机制，统筹省（自治区、直辖市）内优秀干部，选好配强扶贫任务重的县党政主要领导，把扶贫开发工作实绩作为选拔使用干部的重要依据。脱贫攻坚期内贫困县县级领导班子要保持稳定，对表现优秀、符合条件的可以就地提级。加大选派优秀年轻干部特别是后备干部到贫困地区工作的力度，有计划地安排省部级后备干部到贫困县挂职任职，各省（自治区、直辖市）党委和政府也要选派厅局级后备干部到贫困县挂职任职。各级领导干部要自觉践行党的群众路线，切实转变作风，把严的要求、实的作风贯穿于脱贫攻坚始终。

（三十）发挥基层党组织战斗堡垒作用。加强贫困乡镇领导班子建设，有针对性地选配政治素质高、工作能力强、熟悉"三农"工作的干部担任贫困乡镇党政主要领导。抓好以村党组织为领导核心的村级组织配套建设，集中整顿软弱涣散村党组织，提高贫困村党组织的创造力、凝聚力、战斗力，发挥好工会、共青团、妇联等群团组织的作用。选好配强村级领导班子，突出抓好村党组织带头人队伍建设，充分发挥党员先锋模范作用。完善村级组织运转经费保障机制，将村干部报酬、村办公经费和其他必要支出作为保障重点。注重选派思想好、作风正、能力强的优秀年轻干部到贫困地区驻村，选聘高校毕业生到贫困村工作。根据贫困村的实际需求，精准选配第一书记，精准选派驻村工作队，提高县以上机关派出干部比例。加大驻村干部考核力度，不稳定脱贫不撤队伍。对在基层一线干出成绩、群众欢迎的驻村干部，要重点培养使用。加快推进贫困村村务监督委员会建设，继续落实好"四议两公开"、村务联席会等制度，健全党组织领导的村民自治机制。在有实际需要的地区，探索在村民小组或自然村开展村民自治，通过议事协商，组织群众自觉广泛参与扶贫开发。

（三十一）严格扶贫考核督查问责。抓紧出台中央对省（自治区、直辖市）党委和政府扶贫开发工作成效考核办法。建立年度扶贫开发工作逐级督查制度，选择重点部门、重点地区进行联合督查，对落实不力的部门和地区，国务院扶贫开发领导小组要向党中央、国务院报告并提出责任追究建议，对未完成年度减贫任务的省份要对党政主要领导进行约谈。各省（自治区、直辖市）党委和政府要加快出台对贫困县扶贫绩效考核办法，大幅度提高减贫指标在贫困县经济社会发展实绩考核指标中的权重，建立扶贫工作责任清单。加快落实对限制开发区域和生态脆弱的贫困县取消地区生产总值考核的要求。落实贫困县约束机制，严禁铺张浪费，厉行勤俭节约，严格控制"三公"经费，坚决刹住穷县"富衙"、"戴帽"炫富之风，杜绝不切实际的形象工程。建立重大涉贫事件的处置、反馈机制，在处置典型事件中发现问题，不断提高扶贫工作水平。加强农村贫困统计监测体系建设，提高监测能力和数据质量，实现数据共享。

（三十二）加强扶贫开发队伍建设。稳定和强化各级扶贫开发领导小组和工作机构。扶贫开发任务重的省（自治区、直辖市）、市（地）、县（市）扶贫开发领导小组组长由党政主要负责同志担任，强化各级扶贫开发领导小组决策部署、统筹协调、督促落实、检查考核的职能。加强与精准扶贫工作要求相适应的扶贫开发队伍和机构建设，完善各级扶贫开发机构的设置和职能，充实配强各级扶贫开发工作力度。扶贫任务重的乡镇要有专门干部负责扶贫开发工作。加强贫困地区县级领导干部和扶贫干部思想作风建设，加大培训力度，全面提升扶贫干部队伍能力水平。

（三十三）推进扶贫开发法治建设。各级党委和政府要切实履行责任，善于运用法治思维和法治方式推进扶贫开发工作，在规划编制、项目安排、资金使用、监督管理等方面，提高规范化、制度化、法治化水平。强化贫困地区社会治安防控体系建设和基层执法队伍建设。健全贫困地区公共法律服务制度，切实保障贫困人口合法权益。完善扶贫开发法律法规，抓紧制定扶贫开发条例。

让我们更加紧密地团结在以习近平同志为总书记的党中央周围，凝心聚力，精准发力，苦干实干，坚决打赢脱贫攻坚战，为全面建成小康社会、实现中华民族伟大复兴的中国梦而努力奋斗。

关于金融助推脱贫攻坚的实施意见

为贯彻落实《中共中央国务院关于打赢脱贫攻坚战的决定》和中央扶贫开发工作会议精神，紧紧围绕"精准扶贫、精准脱贫"基本方略，全面改进和提升扶贫金融服务，增强扶贫金融服务的精准性和有效性，现提出如下实施意见。

一、准确把握金融助推脱贫攻坚工作的总体要求

（一）深入学习领会党中央、国务院精准扶贫、精准脱贫基本方略的深刻内涵，瞄准脱贫攻坚的重点人群和重点任务，精准对接金融需求，精准完善支持措施，精准强化工作质量和效率，扎实创新完善金融服务体制机制和政策措施，坚持精准支持与整体带动结合，坚持金融政策与扶贫政策协调，坚持创新发展与风险防范统筹，以发展普惠金融为根基，全力推动贫困地区金融服务到村到户到人，努力让每一个符合条件的贫困人口都能按需求便捷获得贷款，让每一个需要金融服务的贫困人口都能便捷享受到现代化金融服务，为实现到2020年打赢脱贫攻坚战、全面建成小康社会目标提供有力有效的金融支撑。

二、精准对接脱贫攻坚多元化融资需求

（二）精准对接贫困地区发展规划，找准金融支持的切入点。
人民银行分支机构要加强与各地发展改革、扶贫、财政等部门的协调合

作和信息共享，及时掌握贫困地区特色产业发展、基础设施和基本公共服务等规划信息。指导金融机构认真梳理精准扶贫项目金融服务需求清单，准确掌握项目安排、投资规模、资金来源、时间进度等信息，为精准支持脱贫攻坚奠定基础。各金融机构要积极对接扶贫部门确定的建档立卡贫困户，深入了解贫困户的基本生产、生活信息和金融服务需求信息，建立包括贫困户家庭基本情况、劳动技能、资产构成、生产生活、就业就学状况、金融需求等内容的精准扶贫金融服务档案，实行"一户一档"。

（三）精准对接特色产业金融服务需求，带动贫困人口脱贫致富。

各金融机构要立足贫困地区资源禀赋、产业特色，积极支持能吸收贫困人口就业、带动贫困人口增收的绿色生态种养业、经济林产业、林下经济、森林草原旅游、休闲农业、传统手工业、乡村旅游、农村电商等特色产业发展。有效对接特色农业基地、现代农业示范区、农业产业园区的金融需求，积极开展金融产品和服务方式创新。健全和完善扶贫金融服务主办行制度，支持带动贫困人口致富成效明显的新型农业经营主体。大力发展订单、仓单质押等产业链、供应链金融，稳妥推进试点地区农村承包土地的经营权、农民住房财产权等农村产权融资业务，拓宽抵质押物范围，加大特色产业信贷投入。

（四）精准对接贫困人口就业就学金融服务需求，增强贫困户自我发展能力。鼓励金融机构发放扶贫小额信用贷款，加大对建档立卡贫困户的精准支持。积极采取新型农业经营主体担保、担保公司担保、农户联保等多种增信措施，缓解贫困人口信贷融资缺乏有效抵押担保资产问题。针对贫困户种养殖业的资金需求特点，灵活确定贷款期限，合理确定贷款额度，有针对性改进金融服务质量和效率。管好用好创业担保贷款，支持贫困地区符合条件的就业重点群体和困难人员创业就业。扎实开展助学贷款业务，解决经济困难家庭学生就学资金困难。

（五）精准对接易地扶贫搬迁金融服务需求，支持贫困人口搬得出、稳得住、能致富。支持国家开发银行、农业发展银行通过发行金融债筹措信贷资金，按照保本或微利的原则发放低成本、长期的易地扶贫搬迁贷款，中央财政给予 90%的贷款贴息。国家开发银行、农业发展银行要加强信贷管理，简化贷款审批程序，合理确定贷款利率，做好与易地扶贫搬迁项目对接。同时，严格贷款用途，确保贷款支持对象精准、贷款资金专款专用，并定期向人民银行各分支机构报送易地扶贫搬迁贷款发放等情况。开发性、政策性金融与商业性、合作性金融要加强协调配合，加大对安置区贫困人口直接或间接参与后续产业发展的支持。人民银行各分支机构要加强辖内易地扶贫搬迁贷款监测统计和考核评估，指导督促金融机构依法合规发放贷款。

（六）精准对接重点项目和重点地区等领域金融服务需求，夯实贫困地区经济社会发展基础。充分利用信贷、债券、基金、股权投资、融资租赁等多种融资工具，支持贫困地区交通、水利、电力、能源、生态环境建设等基础设施和文化、医疗、卫生等基本公共服务项目建设。创新贷款抵质押方式，支持农村危房改造、人居环境整治、新农村建设等民生工程建设。健全和完善区域信贷政策，在信贷资源配置、金融产品和服务方式创新、信贷管理权限设置等方面，对连片特困地区、革命老区、民族地区、边疆地区给予倾斜。对有稳定还款来源的扶贫项目，在有效防控风险的前提下，国家开发银行、农业发展银行可依法依规发放过桥贷款，有效撬动商业性信贷资金投入。

三、大力推进贫困地区普惠金融发展

（七）深化农村支付服务环境建设，推动支付服务进村入户。加强贫困地区支付基础设施建设，持续推动结算账户、支付工具、支付清算网络的应用，提升贫困地区基本金融服务水平。加强政策扶持，巩固助农取款服务在贫困地区乡村的覆盖面，提高使用率，便利农民足不出村办理取款、转账汇款、代理缴费等基础金融服务，支持贫困地区助农取款服务点与农村电商服务点相互依托建设，促进服务点资源高效利用。鼓励探索利用移动支付、互联网支付等新兴电子支付方式开发贫困地区支付服务市场，填补其基础金融服务空白。在农民工输出省份，支持拓宽农民工银行卡特色服务受理金融机构范围。

（八）加强农村信用体系建设，促进信用与信贷联动。探索农户基础信用信息与建档立卡贫困户信息的共享和对接，完善金融信用信息基础数据库。健全农村基层党组织、"驻村第一书记"、致富带头人、金融机构等多方参与的贫困农户、新型农业经营主体信用等级评定制度，探索建立针对贫困户的信用评价指标体系，完善电子信用档案。深入推进"信用户"、"信用村"、"信用乡镇"评定与创建，鼓励发放无抵押免担保的扶贫贴息贷款和小额信用贷款。

（九）重视金融知识普及，强化贫困地区金融消费者权益保护。加强金融消费者教育和权益保护，配合有关部门严厉打击金融欺诈、非法集资、制售使用假币等非法金融活动，保障贫困地区金融消费者合法权益。畅通消费者投诉的处理渠道，完善多元化纠纷调解机制，优化贫困地区金融消费者公平、公开共享现代金融服务的环境。根据贫困地区金融消费者需求特点，有针对性地设计开展金融消费者教育活动，在贫困地区深入实施农村金融教育"金惠工程"，提高金融消费者的金融知识素养和风险责任意识，优化金融生态环境。

四、充分发挥各类金融机构助推脱贫攻坚主体作用

（十）完善内部机构设置，发挥好开发性、政策性金融在精准扶贫中的作用。国家开发银行和农业发展银行加快设立"扶贫金融事业部"，完善内部经营管理机制，加强对信贷资金的管理使用，提高服务质量和效率，切实防范信贷风险。"扶贫金融事业部"业务符合条件的，可享受有关税收优惠政策，降低经营成本，加大对扶贫重点领域的支持力度。

（十一）下沉金融服务重心，完善商业性金融综合服务。大中型商业银行要稳定和优化县域基层网点设置，保持贫困地区现有网点基本稳定并力争有所增加。鼓励股份制银行、城市商业银行通过委托贷款、批发贷款等方式向贫困县（市、区）增加有效信贷投放。中国农业银行要继续深化三农金融

事业部改革，强化县级事业部经营能力。鼓励和支持中国邮政储蓄银行设立三农金融事业部，要进一步延伸服务网络，强化县以下机构网点功能建设，逐步扩大涉农业务范围。各金融机构要加大系统内信贷资源调剂力度，从资金调度、授信审批等方面加大对贫困地区有效支持。鼓励实行总、分行直贷、单列信贷计划等多种方式，针对贫困地区实际需求，改进贷款营销模式，简化审批流程，提升服务质量和效率。

（十二）强化农村中小金融机构支农市场定位，完善多层次农村金融服务组织体系。农村信用社、农村商业银行、农村合作银行等要依托网点多，覆盖广的优势，继续发挥好农村金融服务主力的作用。在稳定县域法人地位、坚持服务"三农"的前提下，稳步推进农村信用社改革，提高资本实力，完善法人治理结构，强化农村信用社省联社服务职能。支持符合条件的民间资本在贫困地区参与发起设立村镇银行，规范发展小额贷款公司等，建立正向激励机制，鼓励开展面向"三农"的差异化、特色化服务。支持在贫困地区稳妥规范发展农民资金互助组织，开展农民合作社信用合作试点。

（十三）加强融资辅导和培育，拓宽贫困地区企业融资渠道。支持、鼓励和引导证券、期货、保险、信托、租赁等金融机构在贫困地区设立分支机构，扩大业务覆盖面。加强对贫困地区企业的上市辅导培育和孵化力度，根据地方资源优势和产业特色，完善上市企业后备库，帮助更多企业通过主板、创业板、全国中小企业股份转让系统、区域股权交易市场等进行融资。支持贫困地区符合条件的上市公司和非上市公众公司通过增发、配股，发行公司债、可转债等多种方式拓宽融资来源。支持期货交易所研究上市具有中西部贫困地区特色的期货产品，引导中西部贫困地区利用期货市场套期保值和风险管理。加大宣传和推介力度，鼓励和支持贫困地区符合条件的企业发行企业债、公司债券、短期融资券、中期票据、项目收益票据、区域集优债券等债务融资工具。

（十四）创新发展精准扶贫保险产品和服务，扩大贫困地区农业保险覆盖范围。鼓励保险机构建立健全乡、村两级保险服务体系。扩大农业保险密度和深度，通过财政以奖代补等方式支持贫困地区发展特色农产品保险。支持贫困地区开展特色农产品价格保险，有条件的地方可给予一定保费补贴。改进和推广小额贷款保证保险，为贫困户融资提供增信支持。鼓励保险机构建立健全针对贫困农户的保险保障体系，全面推进贫困地区人身和财产安全保险业务，缓解贫困群众因病致贫、因灾返贫问题。

（十五）引入新兴金融业态支持精准扶贫，多渠道提供金融服务。在有效防范风险的前提下，支持贫困地区金融机构建设创新型互联网平台，开展网络银行、网络保险、网络基金销售和网络消费金融等业务；支持互联网企业依法合规设立互联网支付机构；规范发展民间融资，引入创业投资基金、私募股权投资基金，引导社会资本支持精准扶贫。

五、完善精准扶贫金融支持保障措施

（十六）设立扶贫再贷款，发挥多种货币政策工具引导作用。设立扶贫再贷款，利率在正常支农再贷款利率基础上下调 1 个百分点，引导地方法人金融机构切实降低贫困地区涉农贷款利率水平。合理确定扶贫再贷款使用期限，为地方法人金融机构支持脱贫攻坚提供较长期资金来源。使用扶贫再贷款的金融机构要建立台账，加强精准管理，确保信贷投放在数量、用途、利率等方面符合扶贫再贷款管理要求。加大再贴现支持力度，引导贫困地区金融机构扩大涉农、小微企业信贷投放。改进宏观审慎政策框架，加强县域法人金融机构新增存款一定比例用于当地贷款的考核，对符合条件的金融机构实施较低的存款准备金率，促进县域信贷资金投入。

（十七）加强金融与财税政策协调配合，引导金融资源倾斜配置。有效整合各类财政涉农资金，充分发挥财政政策对金融资源的支持和引导作用。继续落实农户小额贷款税收优惠、涉农贷款增量奖励、农村金融机构定向费用补贴、农业保险保费补贴等政策，健全和完善贫困地区农村金融服务的正向激励机制，引导更多金融资源投向贫困地区。完善创业担保贷款、扶贫贴息贷款、民贸民品贴息贷款等管理机制，增强政策精准度，提高财政资金使用效益。建立健全贫困地区融资风险分担和补偿机制，支持有条件的地方设立扶贫贷款风险补偿基金和担保基金，专项用于建档立卡贫困户贷款以及带动贫困人口就业的各类扶贫经济组织贷款风险补偿。支持各级政府建立扶贫产业基金，吸引社会资本参与扶贫。支持贫困地区设立政府出资的融资担保机构，鼓励和引导有实力的融资担保机构通过联合担保以及担保与保险相结合等多种方式，积极提供精准扶贫融资担保。金融机构要加大对贫困地区发行地方政府债券置换存量债务的支持力度，鼓励采取定向承销等方式参与债务置换，稳步化解贫困地区政府债务风险。各地中国人民银行省级分支机构、银监局要加强对金融机构指导，推动地方债承销发行工作顺利开展。

（十八）实施差异化监管政策，优化银行机构考核指标。推行和落实信贷尽职免责制度，根据贫困地区金融机构贷款的风险、成本和核销等具体情况，对不良贷款比率实行差异化考核，适当提高贫困地区不良贷款容忍度。在有效保护股东利益的前提下，提高金融机构呆坏账核销效率。在计算资本充足率时，对贫困地区符合政策规定的涉农和小微企业贷款适用相对较低的风险权重。

六、持续完善脱贫攻坚金融服务工作机制

（十九）加强组织领导，健全责任机制。建立和完善人民银行、银监、证监、保监、发展改革、扶贫、财政、金融机构等参与的脱贫攻坚金融服务工作联动机制，加强政策互动、工作联动和信息共享。切实发挥人民银行各级行在脱贫攻坚金融服务工作的组织引导作用，加强统筹协调，推动相关配套政策落实。开展金融扶贫示范区创建活动，发挥示范引领作用。进一步发挥集中连片特困地区扶贫开发金融服务联动协调机制的作用，提升片区脱贫攻坚金融服务水平。

（二十）完善精准统计，强化监测机制。人民银行总行及时出台脱贫攻坚金融服务专项统计监测制度，从片区、县（市、区）、村、建档立卡贫困户等各层次，完善涵盖货币政策工具运用效果、信贷投放、信贷产品、利率和基础金融服务信息的监测体系，及时动态跟踪监测各地、各金融机构脱贫攻坚金融服务工作情况，为政策实施效果监测评估提供数据支撑。人民银行各分支机构和各金融机构要按政策要求，及时、准确报送脱贫攻坚金融服务的相关数据和资料。

（二十一）开展专项评估，强化政策导向。建立脱贫攻坚金融服务专项评估制度，定期对各地、各金融机构脱贫攻坚金融服务工作进展及成效进行评估考核。丰富评估结果运用方式，对评估结果进行通报，将对金融机构评估结果纳入人民银行分支机构综合评价框架内，作为货币政策工具使用、银行间市场管理、新设金融机构市场准入、实施差异化金融监管等的重要依据，增强脱贫攻坚金融政策的实施效果。

（二十二）加强总结宣传，营造良好氛围。积极通过报纸、广播、电视、网络等多种媒体，金融机构营业网点以及村组、社区等公共宣传栏，大力开展金融扶贫服务政策宣传，增进贫困地区和贫困人口对精准扶贫金融服务政策的了解，增强其运用金融工具的意识和能力。及时梳理、总结精准扶贫金融服务工作中的典型经验、成功案例、工作成效，加强宣传推介和经验交流，营造有利脱贫攻坚金融服务工作的良好氛围。

中国人民银行

国家发展改革委

财政部

银监会

证监会

保监会

国务院扶贫开发领导小组办公室

2016 年 3 月 16 日

附录三

中国保监会国务院扶贫开发领导小组办公室
关于做好保险业助推脱贫攻坚工作的意见

保监发〔2016〕44号

各保监局，各省（区、市）扶贫办（局）、新疆生产建设兵团扶贫办，中国保险保障基金有限责任公司、中国保险信息技术管理有限责任公司、中保投资有限责任公司、上海保险交易所股份有限公司、中国保险报业股份有限公司，中国保险行业协会、中国保险学会、中国精算师协会、中国保险资产管理业协会，各保险公司：

为贯彻落实《中共中央国务院关于打赢脱贫攻坚战的决定》（中发〔2015〕34号）和中央扶贫开发工作会议精神，指导各级保险监管部门、扶贫部门和保险机构按照人民银行、保监会、扶贫办等7部门《关于金融助推脱贫攻坚的实施意见》（银发〔2016〕84号）的总体部署，充分发挥保险行业体制机制优势，履行扶贫开发社会责任，全面加强和提升保险业助推脱贫攻坚能力，助力"十三五"扶贫开发工作目标如期实现，现提出如下意见。

一、总体要求

（一）指导思想。

全面贯彻习近平总书记系列讲话精神，牢固树立和贯彻落实创新、协调、绿色、开放和共享的发展理念，深入学习领会党中央、国务院精准扶贫、精准脱贫基本方略的深刻内涵，增强打赢脱贫攻坚战的使命感紧迫感，以满足贫困地区日益增长的多元化保险需求为出发点，以脱贫攻坚重点人群和重点任务为核心，精准对接建档立卡贫困人口的保险需求，精准创设完善保险扶贫政策，精准完善支持措施，创新保险扶贫体制机制，举全行业之力，持续加大投入，为实现到 2020 年打赢脱贫攻坚战、全面建成小康社会提供有力的保险支撑。

（二）总体目标。

到 2020 年，基本建立与国家脱贫攻坚战相适应的保险服务体制机制，形成商业性、政策性、合作性等各类机构协调配合、共同参与的保险服务格局。努力实现贫困地区保险服务到村到户到人，对贫困人口"愿保尽保"，贫困地区保险深度、保险密度接近全国平均水平，贫困人口生产生活得到现代保险全方位保障。

（三）基本原则。

定向原则。定向发挥保险经济补偿功能，努力扩大保险覆盖面和渗透度，通过保险市场化机制放大补贴资金使用效益，为贫困户提供普惠的基本风险保障。定向发挥保险信用增信功能，通过农业保险保单质押和扶贫小额信贷保证保险等方式，低成本盘活农户资产。定向发挥保险资金融通功能，加大对贫困地区的投放，增强造血功能，推动贫困地区农业转型升级。

精准原则。把集中连片特困地区，老、少、边、穷地区，国家级和省级扶贫开发重点县，特别是建档立卡贫困村和贫困户作为保险支持重点，创设保险扶贫政策，搭建扶贫信息与保险业信息共享平台，开发针对性的扶贫保险产品，提供多层次的保险服务，确保对象精准、措施精准、服务精准、成效精准。

特惠原则。在普惠政策基础上，通过提高保障水平、降低保险费率、优化理赔条件和实施差异化监管等方式，突出对建档立卡贫困户的特惠政策和特惠措施，为建档立卡贫困人口提供优质便捷的保险服务，增强贫困人口抗风险能力，构筑贫困地区产业发展风险防范屏障。

创新原则。构建政府引导、政策支持、市场运作、协同推进的工作机制，综合运用财政补贴、扶贫资金、社会捐赠等多种方式，拓展贫困农户保费来源渠道，激发贫困农户保险意识与发展动力。针对贫困地区与贫困农户不同致贫原因和脱贫需求，加强保险产品与服务创新，分类开发、量身定制保险产品与服务。创新保险资金支农融资方式，积极参与贫困地区生产生活建设。

二、精准对接脱贫攻坚多元化的保险需求

（四）精准对接农业保险服务需求。保险机构要认真研究致贫原因和脱贫需求，积极开发扶贫农业保险产品，满足贫困农户多样化、多层次的保险需求。要加大投入，不断扩大贫困地区农业保险覆盖面，提高农业保险保障水平。要立足贫困地区资源优势和产业特色，因地制宜开展特色优势农产品保险，积极开发推广目标价格保险、天气指数保险、设施农业保险。要面向能带动贫困人口发展生产的新型农业经营主体，开发多档次、高保障农业保险产品和组合型农业保险产品，探索开展覆盖农业产业链的保险业务，协助新型农业经营主体获得信贷支持。切实做好贫困地区农业保险服务，灾后赔付要从快从简、应赔快赔。对已确定的灾害，可在查勘定损结束前按预估损失的一定比例预付部分赔款，帮助贫困农户尽早恢复生产。中国农业保险再保险共同体要加大对贫困地区农业保险业务的再保险支持力度，支持直保公司扩大保险覆盖面和提高保障水平。

（五）精准对接健康保险服务需求。保险机构要发挥专业优势，不断改进大病保险服务水平，提高保障程度，缓解"因病致贫、因病返贫"现象。按照国家有关要求，研究探索大病保险向贫困人口予以倾斜。加强基本医保、大病保险、商业健康保险、医疗救助、疾病应急救助和社会慈善等衔接，提高贫困人口医疗费用实际报销比例。鼓励保险机构开发面向贫困人口的商业健康保险产品，参与医疗救助经办服务。

（六）精准对接民生保险服务需求。保险机构要针对建档立卡贫困人口，积极开发推广贫困户主要劳动力意外伤害、疾病和医疗等扶贫小额人身保险产品。重点开发针对留守儿童、留守妇女、留守老人、失独老人、残疾人等人群的保险产品，对农村外出务工人员开辟异地理赔绿色通道，为农村居民安居生活提供保障。进一步扩大农房保险覆盖面，不断提升保障水平。积极开展农村治安保险和自然灾害公众责任保险试点。探索保险服务扶贫人员队伍新模式，为各地政府、企事业单位驻村干部和扶贫挂职干部，高校毕业生"三支一扶"（支教、支农、支医和扶贫）提供保险保障。支持贫困地区开展巨灾保险试点。

（七）精准对接产业脱贫保险服务需求。积极发展扶贫小额信贷保证保险，为贫困户融资提供增信支持，增强贫困人口获取信贷资金发展生产的能力。探索推广"保险＋银行＋政府"的多方信贷风险分担补偿机制。支持有条件的地方设立政府风险补偿基金，对扶贫信贷保证保险给予保费补贴和风险补偿。鼓励通过农业保险保单质押、土地承包经营权抵押贷款保证保险、农房财产权抵押贷款保证保险等方式，拓宽保险增信路径，引导信贷资源投入。探索开展贫困农户土地流转收益保证保险，确保贫困农户土地流转收益。结合农村电商、乡村旅游、休闲农业等农业新业态，开发物流、仓储、农产品质量保证、互联网＋等保险产品。创新保险资金运用方式，探索开展"农业保险＋扶贫小额信贷保证保险＋保险资金支农融资"业务试点，协助参保的贫困人口更便利地获得免担保、免抵押、优惠利率的小额资金。

（八）精准对接教育脱贫保险服务需求。积极开展针对贫困家庭大中学生的助学贷款保证保险，解决经济困难家庭学生就学困难问题。推动保险参与转移就业扶贫，优先吸纳贫困人口作为农业保险协保员。要对接集中连片特困地区的职业院校和技工学校，面向贫困家庭子女开展保险职业教育、销售技能培训和定向招聘，实现靠技能脱贫。

三、充分发挥保险机构助推脱贫攻坚主体作用

（九）完善多层次保险服务组织体系。保险机构要强化主体责任，将资源向贫困地区和贫困人群倾斜。要加大贫困地区分支机构网点建设，持续推进乡、村两级保险服务网点建设，努力实现网点乡镇全覆盖和服务行政村全覆盖。

（十）对贫困地区分支机构实行差异化考核。各保险机构总公司应根据贫困地区实际情况，科学设定绩效考核指标，对贫困地区分支机构实行差异化考核，引导贫困地区基层机构积极发展扶贫保险业务。对贫困地区分支机构因重大自然灾害或农产品价格剧烈波动导致的经营亏损，不得纳入绩效考核指标。

（十一）加强贫困地区保险技术支持及人才培养。各保险机构要大力推动贫困地区员工属地化，积极吸纳贫困地区大学生就业，加快培育贫困地区保险人才。要努力改善贫困地区分支机构职工福利，为贫困地区培养留得下、稳得住的专业人才。鼓励各保险机构总公司每年选派业务能力较强、政治立场坚定的员工到贫困地区分支机构工作，并在查勘理赔技术、设备等方面给予支持。

（十二）鼓励保险资金向贫困地区基础设施和民生工程倾斜。保险机构要充分发挥保险资金长期投资的独特优势，按照风险可控、商业可持续原则，以债权、股权、资产支持计划等多种形式，积极参与贫困地区基础设施、重点产业和民生工程建设，积极支持可带动农户脱贫、吸引贫困农户就业的新型农业经营主体融资需求。支持保险机构参与各级政府建立的扶贫产业基金，鼓励保险机构加大对贫困地区发行地方政府债券置换存量债务的支持力度。

四、完善精准扶贫保险支持保障措施

（十三）鼓励通过多种方式购买保险服务。要充分认识保险服务脱贫攻坚的重要作用，把运用保险工具作为促进经济发展、转变政府职能、完善社会治理、保障改善民生的重要抓手。鼓励各地结合实际，积极探索运用保险风险管理功能及保险机构网络、专业技术等优势，通过市场化机制，以委托保险机构经办或直接购买保险产品和服务等方式，探索保险参与扶贫开发的新模式、新途径，降低公共服务运行成本。要加大组织推动力度，引导农村贫困人口参保续保。鼓励各类慈善机构和公益性社会组织为贫困人群捐赠保险。

（十四）加强保险与扶贫政策的协调配合。各地扶贫办应将保险纳入扶贫规划及政策体系，在政策指导、资金安排、工作协调、数据共享等方面支持保险机构开展工作。鼓励各地结合实际，对建档立卡贫困人口参加农业保险、扶贫小额信贷保证保险、扶贫小额人身保险、商业补充医疗保险和涉农保险给予保费补贴，提高扶贫资金使用效率。建立健全贫困地区风险分担和补偿机制，专项用于对建档立卡贫困户贷款保证保险及带动贫困人口就业的各类扶贫经济组织贷款保证保险风险补偿。

（十五）实施差异化监管。支持在贫困地区开展相互制保险试点。支持现有保险机构到革命老区、民族地区、边疆地区和连片特困地区下延机构和开办扶贫保险业务，对上述机构优先予以审批。严格控制贫困地区现有保险机构网点撤并。对投向贫困地区项目的保险资金运用产品，优先予以审批或备案。鼓励保险机构开发涵盖贫困农户生产生活全方位风险的"特惠保"等一揽子保险产品，并优先予以审批或备案。对保险公司开发的针对建档立卡贫困人口的农业保险、涉农保险产品和针对可带动农户脱贫、吸纳贫困农户就业的新型农业经营主体的保险产品，费率可在向监管部门报备费率的基础上下调20%。

（十六）健全保险行业参与机制。设立中国保险业产业扶贫投资基金，采取市场化运作方式，专项用于贫困地区资源开发、产业园区建设、新型城镇化发展等。设立中国保险业扶贫公益基金，实施保险业扶贫志愿者行动计划。鼓励保险机构下移扶贫重心，加大捐赠力度，自愿包村包户，对贫困农户生产生活教育实现风险防范全覆盖。

（十七）加强保险消费者教育。强化贫困地区保险消费者教育和权益保护，保障贫困地区保险消费者合法权益。根据贫困地区保险消费者需求特点，综合运用多种媒体、保险机构网点以及村镇、社区等公共宣传栏，有针对性地开展保险扶贫服务政策宣传，增进贫困地区和贫困人口对精准扶贫保险服务政策的了解，提高其保险意识和运用保险工具分散风险的能力。统筹安排针对扶贫干部的保险知识培训，由保监会提供相应的培训项目及师资等智力支持，不断提高各级干部运用保险的能力和水平。鼓励保险机构向贫困地区基层干部和贫困农户提供农业技术、风险管理以及现代保险知识培训，提高运用保险发展经济的意识和能力。

五、完善脱贫攻坚保险服务工作机制

（十八）强化组织统筹。各保监局、保险机构和保险业社团组织要把扶贫开发工作作为重大政治任务，采取切实措施，确保各项工作有序开展。各保监局要成立由主要负责人任组长的工作领导小组，统筹协调辖内保险机构，做好保险服务脱贫攻坚工作。各保监局和省级扶贫部门要建立工作联动机制，可根据本意见制定具体实施办法，加强政策互动、工作联动和信息共享，推动相关配套政策落实。

（十九）完善精准统计制度。建立脱贫攻坚保险服务专项统计监测制度，实现保险信息与建档立卡信息对接，及时动态跟踪监测各地、各保险机构工作进展，为政策评估提供数据支撑。各保监局和各保险机构要按照保监会和国务院扶贫办要求，及时、准确报送相关数据资料。

（二十）严格考核督查。建立脱贫攻坚保险服务专项评估制度，保监会、国务院扶贫办定期对各地、各保险机构脱贫攻坚保险服务工作进展及成效进行考评，通报考评结果，并将考评结果作为市场准入、高管资格和差异化监管的重要依据。

（二十一）加强总结宣传。及时梳理、总结精准扶贫保险服务工作中的典型经验、成功案例和工作成效，加强宣传推介和经验交流，营造有利脱贫攻坚保险服务工作的良好氛围。

中国保监会

国务院扶贫办

2016 年 5 月 26 日

中国保监会贵州省人民政府印发《关于在贵州建设"保险助推脱贫攻坚"示范区的实施方案》的通知

保监发〔2016〕59号

会机关各部门，各保监局，贵州省各市、自治州人民政府及贵安新区管委会，各县（市、区、特区）人民政府，省政府各部门、各直属机构，中央驻黔有关单位，中保投资有限责任公司，各保险公司：

为贯彻落实《中共中央国务院关于打赢脱贫攻坚战的决定》（中发〔2015〕34号）和中央扶贫开发工作会议精神，发挥保险行业体制机制优势，创新保险助推脱贫攻坚的思路和途径，推进在贵州建设"保险助推脱贫攻坚"示范区，中国保监会与贵州省人民政府共同制定了《关于在贵州建设"保险助推脱贫攻坚"示范区的实施方案》，现印发给你们，请认真遵照执行。

中国保监会

贵州省人民政府

2016年7月11日

关于在贵州建设"保险助推脱贫攻坚"
示范区的实施方案

为贯彻落实《中共中央国务院关于打赢脱贫攻坚战的决定》(中发〔2015〕34 号)和中央扶贫开发工作会议精神,发挥保险行业体制机制优势,创新保险助推脱贫攻坚的思路和途径,推进在贵州建设"保险助推脱贫攻坚"示范区,助力贵州"坚决打赢脱贫攻坚战、确保同步全面建成小康社会"扶贫开发目标如期实现,特制定本实施方案。

一、总体思路

贯彻落实党中央、国务院精准扶贫、精准脱贫基本方略,在坚持"定向、精准、特惠、创新"原则做好保险助推脱贫攻坚基础上,结合贵州扶贫开发工作实际和精准扶贫、精准脱贫"十项行动",创设更具针对性的保险扶贫政策,给予更大倾斜的具体支持措施,创新更富活力的扶贫体制机制,通过保险机制筑牢防止因病、因灾致贫返贫的防线,为贵州打赢脱贫攻坚战、与全国同步全面建成小康社会提供有力的保险支撑,为其他地区保险助推脱贫攻坚提供经验和借鉴。

二、工作目标

到 2020 年,基本建成与贵州脱贫攻坚战相适应的保险服务体制机制,形成商业性、政策性、合作性等不同模式协作配合、共同参与的保险扶贫工作格局,"保费低廉、保障适度、保单通俗"的保险扶贫产品不断丰富,"设立法人、覆盖县域、辐射乡镇、服务到村"的多层次保险服务网络不断完善，保险资金支持贫困地区建设取得突破，贫困地区保险深度、保险密度接近全省平均水平，贫困人口重大民生保险实现"愿保尽保"，生产生活得到现代保险全方位的保障。

三、政策措施

（一）实行保险产品特惠政策。

1. 保险公司开发的针对建档立卡贫困人口的农业保险、涉农保险产品和针对可带动农户脱贫、吸纳贫困农户就业的新型农业经营主体的保险产品，在贵州执行的费率可在全国普惠水平上再下调 10%—20%。

2. 鼓励并支持贵州扶贫保险产品开发，对于保险机构按照"费率要低、责任要宽、保额要高"的原则，开发的符合贫困地区、贫困人口保障需求保险产品，优先予以审批或备案。

（二）完善保险扶贫组织体系。

1. 支持贵州设立本土保险法人机构。支持贵州保险法人机构设立后依照有关规定申请农业保险、大病保险等与扶贫开发密切相关的业务经营资质。

2. 对全国性保险公司到贵州设立省级分支机构、贵州保险法人机构到外省设立省级分支机构，优先予以审批。

3. 2018 年前，在黔保险中心支公司高管人员的任职条件，学历要求放宽至大学专科；对贵州国家级扶贫开发重点县保险支公司、营业部高管人员任职资格由审批改为备案管理。

4. 健全乡、村两级保险服务网点网络建设，努力实现保险网点乡镇全覆盖和服务行政村全覆盖。严格控制贵州贫困地区现有保险机构网点撤并。

（三）加大保险资金扶贫投放力度。

1. 所募资金投向贫困地区的保险资产管理产品，积极支持其审批或备案、注册。

2.鼓励在中国保险业产业扶贫投资基金中列出一定比例，采取市场化运作方式，专项用于贵州贫困地区资源开发、产业园区建设、新型城镇化发展等。

3.中国保险业扶贫公益基金优先支持贵州贫困地区脱贫攻坚工作。

4.实施保险业扶贫贵州志愿者行动计划。

（四）精准对接脱贫攻坚多元化保险需求。

1.结合贵州现代山地特色高效农业发展，推广茶叶、中药材等特色优势农产品保险，积极开发推广目标价格保险、天气指数保险、设施农业保险等产品，支持"农业保险＋保险资金支农融资"业务在贵州优先试点，帮助贫困农户就地发展生产增收。面向能带动贫困人口发展生产的新型农业经营主体，开发多档次、高保障农业保险产品和组合型农业保险产品，提供专属保险服务及防灾防损等增值服务。

2.不断改进商业保险机构承办大病保险服务水平，配合政府部门降低贫困人口起付标准或提高报销比例，提高保障程度，缓解"因病致贫、因病返贫"现象，配合地方政府探索开展建档立卡贫困人口的商业补充医疗保险。加强基本医保、大病保险、商业健康保险、医疗救助、疾病应急救助和社会慈善等衔接，提高贫困人口医疗费用实际报销比例。

3.加快推广"保险＋银行＋政府"的多方信贷风险分担机制，发展扶贫小额贷款保证保险，为农村电商、外出务工农民工返乡创业等提供融资增信支持，拓宽贫困户融资增信渠道。引导保险机构探索开展产值综合保险保单质押、土地承包经营权抵押贷款保证保险、农房财产权抵押贷款保证保险等业务，低成本盘活农户资产。

4.支持贵州在集中连片特困地区开展巨灾保险试点，贯彻落实保监会、财政部《建立城乡居民住宅地震巨灾保险制度实施方案》要求，积极推动城乡居民住宅地震巨灾保险业务开展，推动实现从以财政为主的经济补偿模式向以财政、保险赔付、巨灾基金共同支撑的多元化补偿模式转变。

5.针对建档立卡贫困人口，积极开发推广贫困户主要劳动力的扶贫小额人身保险产品，对农村外出务工人员开辟异地理赔绿色通道构建扶贫保险民生保障网。

（五）整合资源打造保险扶贫示范县。

1.在贵州省选择2—3个集中连片特困县区设立"保险业精准扶贫示范县"，实施"保险资金优先安排、需求产品优先开发、新型险种优先试点、分支机构优先批设、定点扶贫优先考虑"政策。

2.引导保险机构在示范县包村包户，实施定点扶贫，加大对口帮扶力度，对贫困农户生产生活实现风险全覆盖。

3.引导保险机构选派"三农"风险管理、健康与养老管理、保险资金运用等专业技术人才到示范县对应机构挂职，在查勘理赔所需的技术手段、专业设备等方面给予支持。

四、保障机制

（一）建立保险业服务扶贫攻坚工作机制。

1.保监会在扶贫工作领导小组下专设贵州扶贫工作组，牵头组织各项特惠政策的落实，搭建保险行业与贵州地方政府及相关部门的对接平台，促进保险服务贵州脱贫攻坚工作有序开展、有效落实。

2.对在贵州设有分支机构的法人公司开展窗口指导，引导其给予贵州扶贫业务资源、技术、资金、人才等全方位支持和倾斜，对在黔省级分支机构的扶贫业务取消利润指标考核，对因重大自然灾害或农产品价格剧烈波动等导致的经营亏损不纳入绩效考核指标。

3.推进保险信息系统主动对接贵州"扶贫云"，实现保险信息与建档立卡信息无缝衔接，确保保险服务对象精准、措施精准、服务精准、成效精准。加强各保险机构脱贫攻坚保险服务工作进展情况统计监测，为政策实施效果评估提供支撑。

4.为贵州扶贫干部免费提供保险知识培训项目及师资等智力支持，提高各级干部运用保险机制扶贫开发的能力和水平。鼓励保险机构向贫困地区基层干部和贫困农户提供农业技术、风险管理以及现代保险知识培训，提高运用保险发展经济的意识和能力。

5.建立脱贫攻坚保险服务专项评估制度，保监会定期对各保险机构支持贵州扶贫攻坚保险服务工作进展及成效进行评估考核。评估结果将进行通报，并作为市场准入、高管资格和差异化监管的重要依据，以增强脱贫攻坚保险政策的实施效果。

（二）完善各级政府部门保险扶贫支持政策。

1.贵州省人民政府成立保险扶贫工作推动组，加强与保监会贵州扶贫工作组的对接协调，各地、各部门比照成立相应工作机构，按照"省级推动、部门支持、市级协调、县抓落实"的原则，统筹推进保险扶贫各项支持政策的出台和落实。

2.将保险纳入扶贫规划及政策体系，在政策指导、资金安排、工作协调、数据共享等方面支持保险机构开展工作。鼓励各地整合扶贫资金，对建档立卡贫困人口参加农业保险、扶贫小额信贷保证保险、小额人身保险、城乡居民住宅地震巨灾保险等保险扶贫业务给予保费补贴或提高补贴比例。出台扶贫资金承担建档立卡贫困人口农业保险保费的资金拨付等实施细则。建立健全对建档立卡贫困人口贷款保证保险及各类扶贫经济组织贷款保证保险的风险分担和补偿机制。

3.建立运用保险机制开展扶贫工作的考核激励机制，贵州省人民政府将保险扶贫支持政策出台及落实等情况纳入各级目标管理体系进行管理。对成绩突出、成效显著的予以通报表扬。

4.认真贯彻落实国家出台的有关农业保险、农房保险、扶贫小额贷款保证保险、农村小额人身保险等保险扶贫业务的相关税收优惠政策。鼓励地方政府对服务扶贫开发成效显著的保险机构予以奖励。

后 记

　　为了全面总结近年来保险扶贫工作的实践，充分体现保险业在助推脱贫攻坚中所尽的社会责任，在中国保监会指导和支持下，中国保险学会组织编写了《助推脱贫攻坚：保险业在行动》一书。中国保监会有关领导对本书编写工作高度重视，在编写过程中进行了全面指导。

　　本书编写工作由中国保险学会会长姚庆海牵头组织实施。中国保险学会副秘书长、《保险研究》主编冯占军负责各章编写并统稿。参与编写的还有：郭金龙（中国社会科学院金融研究所保险研究室主任、研究员）、潘国臣（武汉大学保险与精算学系副主任、副教授）、李连芬（中国保险学会研究部副主任，博士后）、陈媚莎（中国保险学会研究部，博士）、洪苏蕾（中国保险学会研究部，博士）、宋占军（北京工商大学保险系讲师，博士后）。李连芬、陈媚莎在资料整理、联系协调方面做了大量工作。向飞（人保财险责任保险事业部，博士）、王小龙（中国保险学会研究部，硕士）、李佳桦（中国保险学会研究部，硕士）、侯文鑫（中国保险学会史志办，博士生）参与了部分前期工作。

　　在本书编写过程中，中国保监会财产保险监管部帮助收集了丰富、翔实的保险扶贫素材，并组织各地保监局和保险机构提供了来自保险扶贫一线的工作总结及经验材料。书稿形成后，武汉大学魏华林教授、首都经济贸易大学庹国柱教授、中南财经政法大学刘冬姣教授、人保财险执行副总裁王和教授、人保财险战略发展部总经理连锦泉博士等专家审阅了全部书稿，并提出意见和建议，在此一并表示感谢！

2017 年 1 月

出　　　品：图典分社
策划编辑：侯　春
责任编辑：侯　春
责任校对：周　昕

图书在版编目（CIP）数据

助推脱贫攻坚：保险业在行动／姚庆海　主编 . — 修订本 . — 北京：
　人民出版社，2017.7
ISBN 978－7－01－017785－4

I.①助⋯　II.①姚⋯　III.①保险业－关系－扶贫－研究－中国
　IV.① F842　② F124.7

中国版本图书馆 CIP 数据核字（2017）第 130733 号

助推脱贫攻坚

ZHUTUI TUOPIN GONGJIAN

——保险业在行动

（修订版）

姚庆海　主编

人 民 出 版 社　出版发行

（100706　北京市东城区隆福寺街 99 号）

北京中科印刷有限公司印刷　新华书店经销

2017 年 7 月第 2 版　2017 年 7 月北京第 1 次印刷
开本：710 毫米 ×1000 毫米 1/16　印张：13.75
字数：168 千字

ISBN 978－7－01－017785－4　定价：40.00 元

邮购地址 100706　北京市东城区隆福寺街 99 号
人民东方图书销售中心　电话（010）65250042　65289539